徽商发展报告
2022

王唤明　　张道刚　　马顺生◎编著

安徽师范大学出版社
ANHUI NORMAL UNIVERSITY PRESS
·芜湖·

图书在版编目(CIP)数据

徽商发展报告.2022/王唤明,张道刚,马顺生编著.—芜湖:安徽师范大学出版社,
2022.8

ISBN 978-7-5676-5832-5

Ⅰ.①徽… Ⅱ.①王…②张…③马… Ⅲ.①徽商－贸易经济－经济发展－研究报告－
2022 Ⅳ.①F727.54

中国版本图书馆CIP数据核字(2022)第144336号

徽商发展报告.2022　　　　　　　　王唤明　张道刚　马顺生◎编著

责任编辑:何章艳　　　　　　责任校对:李慧芳
装帧设计:张　玲　汤彬彬　　责任印制:桑国磊
出版发行:安徽师范大学出版社
　　　　　芜湖市北京东路1号安徽师范大学赭山校区
网　　址:http://www.ahnupress.com/
发 行 部:0553-3883578　5910327　5910310(传真)
印　　刷:苏州市古得堡数码印刷有限公司
版　　次:2022年8月第1版
印　　次:2022年8月第1次印刷
规　　格:700 mm×1000 mm　1/16
印　　张:10.25
字　　数:125千字
书　　号:ISBN 978-7-5676-5832-5
定　　价:50.00元

凡发现图书有质量问题,请与我社联系(联系电话:0553-5910315)

序　言

2021年，中国共产党迎来了百年华诞。一百年来的各个阶段都涌现出了许多徽商精英人物，他们弘扬徽商文化，传承徽商精神，争做"徽骆驼""绩溪牛"，徽行天下，情系故里。

今天，徽商分布在各行各业，有的徽商企业在引领行业发展，有的徽商企业成为"独角兽"企业或"隐形冠军"，有的徽商企业基业长青。在家电行业、新能源汽车行业、人工智能行业、新材料行业、芯片产业等领域，都有徽商的身影，他们奋力前行，创造价值，奉献社会。

目前，分布在全球的徽商组织已成为地方政府招商引资的桥梁和文化与经贸往来的平台，成为徽商回归的重要载体。据统计，截至2021年底，全球共有各类徽商组织440家，其中，在国内各省份成立的安徽商会194家，安徽省16个地级市的省外异地商会158家，安徽省16个地级市所辖县（县级市）省外异地商会62家，海外徽商组织26家。

"树高千尺不离根"，无论是从安徽皖南山区走出去的安徽商人，还是从皖北平原走出去的安徽商人，他们一脉相承、血脉相连，都有一个共同的名字——徽商。作为中华大地上地缘性极为特殊的商人群体,徽商的发展经历了辉煌、衰落和振兴崛起,我们可以从徽商发展看历史兴衰,从徽商精神悟时代真谛。

蕴徽商之美,凝民族之魂。改革开放 40 多年来,新徽商秉承敢为天下先的精神,在市场经济的浪潮中奋力拼搏,成为纵横天下、创富国家、建设家乡的重要力量。在当前安徽大力实施"双招双引"的背景下,天下徽商积极回归家乡建设,抢抓安徽积极融入长三角一体化的机遇,助力安徽高质量打造科技创新策源地、新兴产业聚集地、改革开放新高地、经济社会发展全面绿色转型区。

安徽财经大学是一所以经济学、管理学、法学为主的多科性财经大学,是我国首批具有学士学位授予权、第三批具有硕士学位授予权的高校,是安徽省重点建设的大学和安徽省人民政府与中华全国供销合作总社共建高校,并且于 2012 年获批国家中西部高校基础能力建设工程,2014 年入选安徽省地方特色高水平大学建设项目。安徽财经大学历来重视科研和社会服务工作,科研水平稳步提升,社会服务品牌和影响力日益凸显;在申报国家社会科学基金、国家自然科学基金等项目上不断取得新突破,国家社会科学基金项目立项数在全国财经类高校中位列前十,连续四年位列省属高校第二。安徽财经大学还立足于地方经济社会发展和行业需求,着力打造财经领域新型高端智库,尤其以安徽经济社会发展系列研究报告为代表的研究成果影响力日益扩大,特色品牌日益凸显。

安徽财经大学徽商研究始于十多年前,徽商讲坛、徽商大讲堂等平台的搭建,为学校的徽商研究奠定了坚实的基础。2014年,安徽财经大学新徽商研究中心成立。该中心聚焦徽商组织、徽商人物、徽商产业、徽商企业、徽商上市、徽商文化等方面的研究，拥有一批专家学者团队，出版了《徽商文化》《新徽商导论》《徽商发展报告2019》《徽商发展报告2020》《徽商发展报告2021》等著作，举办了两届关于徽商老字号品牌的中国（安徽）大学生市场营销创新大赛，与安徽师范大学联合主办了首届徽商老字号品牌营销高峰论坛，发表了一系列有关徽商和徽文化的学术论文，多次承办了省市工商联的相关社会组织培训研修班，承接了相应课题研究，打造了线上平台——新徽商大讲堂，与安徽经济报社合作共建了徽商智库。

《徽商发展报告2022》从徽商组织、徽商企业、徽商人物、徽商创新、徽商回归、徽商品牌、徽商文化、徽商公益、走向世界的徽商等九个方面来系统阐述2021年度徽商发展情况，对徽商年度活动与事件进行分析总结，帮助人们了解徽商的年度发展情况。同时，本书也是安徽财经大学服务地方经济、加强智库建设的研究成果之一，是安徽财经大学2022年度系列报告丛书中的一种。

《徽商发展报告2022》是安徽财经大学新徽商研究中心和安徽经济报社、决策杂志社（安徽创新发展研究院）联合研究发布的成果，得到了安徽省工商联、安徽省合作办、安徽省经信厅、安徽省商务厅、安徽省人民政府发展研究中心等相关部门，以及安徽省国际徽商交流协会、各省外徽商商会的大力支持，在此一并表示感谢！

安徽财经大学副校长　周加来

2022年8月

目　录

徽商组织

本书中的徽商组织是指在安徽省外合法注册成立的省、市、县级各类安徽商会，包括安徽所辖市、县（县级市）在省外的商会。

一、全国徽商组织分布

截至2021年底，全球共有各类徽商组织440家，其中，在国内各省份成立的安徽商会194家（见表1），安徽省16个地级市的省外异地商会158家（见表2），安徽省16个地级市所辖县（县级市）的省外异地商会62家（见表3），海外徽商组织26家（见表4）。

表1　在国内各省份成立的安徽商会

序号	商会名称	法人代表	成立时间①
1	上海市安徽商会	洪清华	1992年12月7日
2	天津市安徽商会	张长江	1998年1月1日
3	香港安徽联谊总会	桂四海	2002年

---

① 这里的成立时间是指商会的注册时间，后文表2、表3中的成立时间亦指注册时间。本书附录"一、2021年新成立的徽商组织"中的成立时间指商会召开成立大会的时间。

序号	商会名称	法人代表	成立时间
4	内蒙古安徽商会	姚文兵	2004年10月12日
5	温州市安徽商会	程健	2004年12月23日
6	湖北省安徽商会	马占军	2006年2月21日
7	云南省安徽商会	陈大钰	2006年4月10日
8	重庆市安徽商会	梅锋	2006年5月12日
9	北京安徽企业商会	梁金辉	2006年6月7日
10	宁夏安徽商会	金晓伟	2006年6月28日
11	澳门安徽联谊总会	陈永杰	2006年
12	杭州市安徽商会	王秀梅	2007年1月8日
13	大连徽商商会	齐圆圆	2007年7月26日
14	海南省安徽商会	蒋会成	2007年7月30日
15	广西安徽商会	余向东	2007年8月9日
16	连云港市安徽商会	许同柱	2007年8月27日
17	陕西省安徽商会	张金龙	2007年10月22日
18	福建省安徽商会	程明	2008年1月1日
19	佛山市安徽商会	陈中信	2008年3月11日
20	常州市安徽商会	许常娥	2008年3月29日
21	山西安徽商会	储怀山	2008年4月10日
22	江西省安徽商会	李井海	2008年8月25日
23	河南省安徽商会	汤武	2008年9月1日
24	四川省安徽商会	熊南奇	2008年12月16日
25	杭州桐庐县安徽商会	束伍华	2009年1月13日

续　表

序号	商会名称	法人代表	成立时间
26	苏州市安徽商会	聂长岐	2009年3月30日
27	曲靖市安徽商会	胡文杰	2009年4月18日
28	青海省安徽商会	王军	2009年7月17日
29	常熟市安徽商会	程明	2009年9月1日
30	嘉兴市安徽商会	张保全	2009年9月28日
31	山东省安徽商会	姜建贺	2009年12月21日
32	台湾徽商经贸文教交流协会	陶君亮	2009年
33	贵州省安徽商会	陈修仕	2010年6月13日
34	南京市安徽商会	陈广川	2010年8月6日
35	中山市安徽商会	桑成敬	2010年8月10日
36	宁波市安徽商会	汤长伟	2010年8月18日
37	保山市安徽商会	谢自福	2010年12月28日
38	江苏省安徽商会	艾学平	2011年1月10日
39	阿克苏地区安徽商会	李明田	2011年2月7日
40	浙江省安徽商会	刘杰	2011年3月7日
41	甘肃省张掖市徽商商会	张贺桥	2011年3月17日
42	襄阳市安徽商会	刘玉宝	2011年3月18日
43	惠州市安徽商会	何江民	2011年4月20日
44	吉林省安徽商会	刘启斌	2011年5月3日
45	义乌市安徽商会	汪本健	2011年5月17日
46	沈阳市安徽商会	曾晓红	2011年5月30日
47	甘肃省安徽商会	刘伟	2011年7月5日

续 表

序号	商会名称	法人代表	成立时间
48	湖南省安徽商会	屈东森	2011年8月3日
49	乌鲁木齐安徽商会	王向东	2011年8月25日
50	柳州市安徽商会	潘帮奇	2011年9月11日
51	洛阳市安徽商会	周义新	2011年11月21日
52	克拉玛依市安徽商会	方长根	2011年11月24日
53	青岛市安徽商会	杨凯	2012年1月10日
54	衡阳市安徽商会	燕飞	2012年2月16日
55	绵阳安徽商会	俞业钊	2012年3月1日
56	喀什安徽商会	王国琴	2012年6月16日
57	漳州市安徽商会	叶飞华	2012年6月16日
58	广州市安徽商会	张继龙	2012年7月23日
59	广东省安徽商会	王文银	2012年7月24日
60	太仓市安徽商会	陆继群	2012年9月14日
61	江门市安徽商会	张夕奎	2012年9月14日
62	无锡市安徽商会	吴福娇	2012年10月26日
63	东莞市安徽商会	苌凤城	2012年11月9日
64	福州市安徽商会	吴剑平	2012年12月26日
65	肇庆市安徽商会	胡建虎	2012年12月26日
66	桂林安徽商会	朱双和	2012年12月28日
67	珠海市安徽商会	罗治辉	2013年1月5日
68	桐乡市安徽商会	马岩	2013年1月13日

序号	商会名称	法人代表	成立时间
69	泰州市安徽商会	夏泽秀	2013年1月23日
70	哈尔滨市安徽商会	桂新明	2013年1月29日
71	东营市安徽商会	谢敏	2013年1月30日
72	龙岩市安徽商会	操文章	2013年2月1日
73	镇江安徽商会	李亚峰	2013年3月19日
74	丹阳市安徽商会	许礼周	2013年4月8日
75	邯郸安徽商会	李凡海	2013年4月23日
76	黑龙江省安徽商会	岳喜田	2013年5月8日
77	吉林市安徽商会	吴昀翰	2013年5月15日
78	西藏自治区安徽商会	韩传求	2013年5月24日
79	景德镇市安徽商会	徐长生	2013年6月13日
80	江阴市安徽商会	余林法	2013年7月9日
81	开封市安徽商会	袁四海	2013年9月9日
82	北海安徽商会	陈天辞	2013年10月25日
83	延边安徽商会	朱勇	2013年10月29日
84	苏州市吴江区安徽商会	吕宏光	2013年11月4日
85	绍兴市越城区安徽商会	李锋	2013年11月13日
86	荆门市安徽商会	王井伦	2013年12月20日
87	淄博徽商商会	殷春华	2013年12月21日
88	河源市安徽商会	查国兵	2013年12月25日
89	清远市安徽商会	沈家胜	2013年12月26日

序号	商会名称	法人代表	成立时间
90	舟山市安徽商会	万杰林	2014年1月7日
91	白银市安徽商会	郑华军	2014年1月7日
92	兴义安徽商会	胡以仁	2014年1月23日
93	齐齐哈尔市徽商商会	付厚文	2014年1月27日
94	台州市安徽商会	李芝龙	2014年4月18日
95	包头安徽商会	唐伟	2014年5月5日
96	宜昌市安徽商会	程钧	2014年6月5日
97	天津市滨海新区徽商商会	周玉柱	2014年6月16日
98	赣州市安徽商会	王永幸	2014年6月23日
99	昆明市徽商商会	关启东	2014年6月23日
100	临汾市安徽商会	荣全灵	2014年6月30日
101	湖州市安徽商会	安超	2014年7月18日
102	日照市安徽商会	尤勇武	2014年7月29日
103	乐清市安徽商会	谭启龙	2014年7月31日
104	鄂尔多斯安徽商会	张永春	2014年8月11日
105	乐山市安徽商会	陈文运	2014年8月20日
106	南安市安徽商会	许红梅	2014年9月17日
107	毕节市安徽商会	胡红星	2014年10月11日
108	重庆永川区安徽商会	刘纪华	2014年11月26日
109	平凉市安徽商会	丁亮	2014年12月18日
110	赤峰安徽商会	吴宣富	2014年12月24日

序号	商会名称	法人代表	成立时间
111	日照市安徽企业商会	何承东	2015年1月4日
112	河池市安徽商会	汪斌	2015年1月7日
113	哈密市安徽商会	刘翔	2015年2月5日
114	赤峰徽商商会	汪胜	2015年2月9日
115	德清县安徽商会	曹云清	2015年3月10日
116	保定安徽商会	程勇	2015年4月14日
117	常州市钟楼区安徽商会	荣发兵	2015年4月30日
118	葫芦岛市安徽商会	方军	2015年5月18日
119	大庆市徽商商会	张顺起	2015年5月25日
120	黄冈市安徽商会	何冈青	2015年7月10日
121	焦作市安徽商会	杨昌友	2015年8月6日
122	莎车县安徽商会	宋功文	2015年8月20日
123	烟台市安徽商会	水庆虎	2015年9月2日
124	陇南安徽商会	王志东	2015年9月19日
125	西安市安徽商会	宋思祥	2015年10月16日
126	永康市安徽商会	金鑫	2015年10月21日
127	河北省安徽商会	马登峰	2015年10月28日
128	南通市海门区徽商商会	张小户	2015年11月24日
129	济南市安徽商会	穆小龙	2015年12月16日
130	十堰市安徽商会	孙锦玉	2015年12月17日
131	满洲里安徽商会	赵法程	2015年12月21日

续　表

序号	商会名称	法人代表	成立时间
132	盘锦市安徽商会	滕德荣	2016年1月5日
133	如皋市安徽商会	宋在付	2016年8月1日
134	大同市安徽商会	程永祥	2016年9月9日
135	忻州市徽商商会	潘庆发	2016年9月27日
136	临沂市安徽商会	闫光峰	2016年11月1日
137	新乡市安徽商会	赵泳泉	2016年12月16日
138	衢州市安徽商会	姚光勇	2017年1月1日
139	许昌市安徽商会	陈华兴	2017年1月12日
140	汉中市安徽商会	严金权	2017年1月24日
141	汕头市安徽商会	郁家福	2017年2月13日
142	揭阳市安徽商会	刘继军	2017年2月14日
143	扬州市安徽商会	于金涛	2017年3月13日
144	晋江安徽商会	施迎春	2017年4月14日
145	湘西自治州安徽商会	徐振西	2017年5月26日
146	淄博市周村区徽商商会	郑峰	2017年6月15日
147	廊坊市安徽商会	袁克银	2017年7月17日
148	张家口安徽商会	吴明	2017年7月18日
149	石河子安徽商会	王学武	2017年8月1日
150	上饶市安徽商会	张荣弟	2017年9月5日
151	奎屯市安徽商会	戴恒武	2017年9月9日
152	威海市安徽商会	潘登	2017年10月24日

序号	商会名称	法人代表	成立时间
153	江山市安徽商会	洪仁才	2017年10月24日
154	唐山市安徽商会	季晓兵	2017年11月13日
155	孝感市安徽商会	张厚信	2018年2月7日
156	韶关市安徽商会	赵亮	2018年5月31日
157	锦州市安徽商会	孔磊	2018年7月16日
158	潮州市安徽商会	刘振胜	2018年7月20日
159	长兴县安徽商会	张骞	2018年8月28日
160	泉州安徽商会	赵永才	2018年9月26日
161	慈溪市安徽商会	陶春光	2018年10月8日
162	宿迁市安徽商会	徐裕建	2018年11月22日
163	绍兴市安徽商会	孙应虎	2018年11月23日
164	九江市安徽商会	高峰	2018年11月28日
165	金华市安徽商会	储著权	2018年12月21日
166	象山县安徽商会	周可刚	2019年2月18日
167	鸡西市安徽商会	张文广	2019年4月12日
168	荆州市安徽商会	朱海涛	2019年4月28日
169	长春市安徽商会	饶国红	2019年5月22日
170	扬中市安徽商会	程华九	2019年5月27日
171	杭州市临安区安徽商会	江东	2019年5月27日
172	玉林市安徽商会	张杰	2019年7月16日
173	长沙市安徽商会	王灿友	2019年8月19日

续　表

序号	商会名称	法人代表	成立时间
174	青州安徽商会	严兆明	2019年12月3日
175	宁波市奉化区徽商商会	祝君云	2020年1月16日
176	娄底市安徽商会	冯明利	2020年1月20日
177	厦门市安徽商会	张明	2020年2月28日
178	辽宁省安徽商会	檀海平	2020年4月8日
179	南阳安徽商会	古宏伟	2020年7月23日
180	宜宾市安徽商会	孔德成	2020年8月14日
181	高邮市安徽商会	鲍美萍	2020年9月15日
182	桐庐安徽商会	汪念	2020年9月27日
183	秦皇岛市安徽商会	汪长春	2020年10月12日
184	晋城市安徽商会	李克兵	2020年11月13日
185	承德市安徽商会	孙小虎	2021年1月5日
186	武威市安徽商会	尹飞	2021年1月6日
187	德阳市安徽商会	钱陆军	2021年1月22日
188	南通市通州区徽商商会	吴怀坤	2021年2月8日
189	朝阳市安徽商会	丁刚	2021年5月8日
190	石狮市安徽商会	黎吉祥	2021年6月4日
191	三明市安徽商会	汪旋	2021年10月12日
192	新昌县安徽商会	洪小翠	2021年11月1日
193	邢台市安徽商会	刘凤良	2021年12月22日
194	广安市安徽商会	王峰	2021年12月30日

（数据主要来自民政部全国社会组织信用信息公示平台）

表 2　安徽省 16 个地级市省外异地商会

序号	地级市	商会名称	法人代表	成立时间
1	合肥	宁波市合肥商会	张展仓	2015年1月29日
2		杭州市合肥商会	刘东	2017年10月20日
3		无锡市合肥商会	李庆林	2018年1月2日
4		温州市合肥商会	阳传胜	2019年1月11日
5		平湖市合肥商会	王高	2019年9月30日
6		重庆市安徽合肥商会	武有香	2019年12月27日
7		湖州市合肥商会	王尚聪	2020年1月14日
8		常州武进区合肥商会	杨德传	2020年12月26日
9		南京市合肥商会	李中兵	2021年1月19日
10		长春市合肥商会	范方彬	2021年6月23日
11		常山县合肥商会	涂军华	2021年7月8日
12		上海市合肥商会	张启春	2021年8月10日
13	芜湖	厦门市芜湖商会	夏庆国	2012年11月30日
14		深圳市芜湖商会	吴经胜	2015年2月10日
15		广东省安徽芜湖商会	高兴兵	2016年6月20日
16		成都芜湖商会	丁涛	2016年6月27日
17		温州市芜湖商会	张茂胜	2017年5月2日
18		苏州市芜湖商会	潘诗周	2018年1月31日
19		南京市芜湖商会	王跃进	2019年12月11日
20		陕西省安徽芜湖商会	俞启明	2020年6月30日
21		天津市安徽芜湖商会	高枝虎	2021年7月14日

续　表

序号	地级市	商会名称	法人代表	成立时间
22	芜湖	宁波市芜湖商会	陈克斌	2021年9月23日
23	蚌埠	广东省蚌埠商会	李振水	2011年9月28日
24		上海市蚌埠商会	王志友	2015年1月29日
25		海南省蚌埠商会	叶峥	2017年10月26日
26		东莞市安徽蚌埠商会	朱安柱	2019年5月7日
27		西安市蚌埠商会	李山	2021年5月17日
28		成都市蚌埠商会	孟祥永	2021年7月15日
29		宁波市蚌埠商会	郭术海	2021年11月19日
30	淮南	上海市安徽淮南商会	樊西堂	2015年6月23日
31		东莞市安徽淮南商会	姜淮矿	2019年4月30日
32		天津市安徽淮南商会	赵冬冬	2020年7月22日
33		北京淮南企业商会	邵凯	2021年5月28日
34		西安市安徽淮南商会	李新	2022年1月25日
35	马鞍山	南京市马鞍山商会	艾明生	2007年11月15日
36		上海市安徽马鞍山商会	徐兴东	2016年1月25日
37		徐州市马鞍山商会	张开金	2018年1月3日
38		深圳市安徽马鞍山商会	方仁红	2019年7月30日
39	淮北	广东省安徽淮北商会	胡庆周	2016年8月17日
40		西安市淮北商会	李金前	2018年12月29日
41		南京市淮北商会	朱永梅	2020年1月21日
42	铜陵	上海市铜陵商会	吴照和	2016年11月14日

序号	地级市	商会名称	法人代表	成立时间
43	铜陵	南京市铜陵商会	纪良国	2016 年 12 月 17 日
44		深圳市安徽铜陵商会	陈友	2018 年 3 月 8 日
45		桂林铜陵商会	唐贻才	2018 年 9 月 21 日
46		北京铜陵企业商会	王世根	2019 年 7 月 15 日
47	安庆	南京市安庆商会	吴江顺	2008 年 4 月 28 日
48		西安市安庆商会	孙实凡	2012 年 8 月 22 日
49		福州市安庆商会	丁南江	2013 年 5 月 19 日
50		湖州市安庆商会	李结满	2013 年 11 月 29 日
51		武汉安庆商会	李金苗	2013 年 12 月 26 日
52		珠海市安徽安庆商会	何晓东	2014 年 6 月 9 日
53		昆明市安徽安庆商会	汪虎	2014 年 11 月 4 日
54		南宁安庆商会	王宜和	2014 年 12 月 17 日
55		济南市安庆商会	徐晓星	2014 年 12 月 29 日
56		深圳市安徽安庆商会	金红祥	2015 年 11 月 26 日
57		上海市安庆商会	聂建明	2016 年 5 月 31 日
58		徐州市安庆商会	刘保胜	2018 年 4 月 19 日
59		杭州市安庆商会	丁峰	2018 年 10 月 10 日
60		义乌市安庆商会	胡文钦	2019 年 4 月 17 日
61		江苏省安徽安庆商会	王四九	2019 年 7 月 15 日
62		成都安庆商会	吴功建	2019 年 8 月 8 日
63		宁波市安庆商会	江中民	2020 年 1 月 21 日

序号	地级市	商会名称	法人代表	成立时间
64	安庆	西藏安徽安庆商会	蔡金平	2020年7月24日
65		南通市安庆商会	张风流	2021年12月24日
66	黄山	杭州市黄山商会	徐立辉	2015年6月19日
67		义乌市徽州商会	吴耀	2016年11月4日
68		武汉黄山(徽州)商会	詹镇辉	2016年10月20日
69		南京市黄山商会	杜斐	2016年12月6日
70		宁波市徽州商会	方立年	2017年1月25日
71		深圳市安徽黄山商会	黄金火	2017年6月9日
72		上海黄山经济文化促进会	范典明	2018年11月24日
73		东莞市安徽黄山商会	王坚	2019年1月30日
74		成都黄山商会	叶燕荪	2021年5月18日
75	阜阳	南京市阜阳商会	陈林	2011年4月28日
76		济南市阜阳商会	杨文太	2014年4月23日
77		深圳市阜阳商会	李兴宝	2014年4月28日
78		上海市阜阳商会	金四海	2015年10月24日
79		温州市阜阳商会	李献龙	2017年2月20日
80		西安市阜阳商会	高阔	2017年6月6日
81		宁波市阜阳商会	李斌	2017年9月6日
82		东莞市安徽阜阳商会	丁飞	2017年10月31日
83		江门市安徽阜阳商会	尹文来	2018年1月23日
84		杭州市阜阳商会	戚国辉	2018年2月13日

续　表

序号	地级市	商会名称	法人代表	成立时间
85	阜阳	天津市安徽阜阳商会	韩立彦	2018年4月3日
86		海南省阜阳商会	闫明亮	2018年4月17日
87		定边县阜阳商会	刘心美	2018年8月2日
88		义乌市阜阳商会	张保龙	2018年10月9日
89		成都阜阳商会	樊继光	2019年7月4日
90		贵阳市花溪区安徽阜阳商会	范玉友	2019年12月30日
91		常州市武进区阜阳商会	魏大鹏	2020年10月30日
92		郑州市阜阳商会	杨献	2021年4月6日
93		青岛市阜阳商会	王天林	2021年5月6日
94		厦门市阜阳商会	徐永全	2021年7月14日
95	宿州	广东省安徽宿州商会	陶振华	2009年10月13日
96		深圳市宿州商会	刘磅	2010年4月14日
97		海口安徽宿州商会	王孝坤	2013年7月12日
98		南京市宿州商会	高俊怀	2014年5月19日
99		温州市宿州商会	贾鹏	2015年5月25日
100		厦门市宿州商会	唐华	2015年7月28日
101		北京宿州企业商会	马运动	2017年2月23日
102		西安市宿州商会	吴雪芹	2017年10月20日
103		东莞市安徽宿州商会	时晓东	2018年4月16日
104		宁波杭州湾新区宿州商会	宣祖远	2018年7月31日
105		杭州市宿州商会	王峰	2020年12月23日

续　表

序号	地级市	商会名称	法人代表	成立时间
106	宿州	天津市安徽宿州商会	王吉利	2021年8月12日
107	滁州	广东省安徽滁州商会	王健	2011年9月28日
108		南京市滁州商会	王传良	2012年8月17日
109		深圳市安徽滁州商会	葛允林	2017年1月4日
110		上海市滁州商会	罗兴刚	2017年9月14日
111		乌鲁木齐市滁州商会	李政	2018年11月5日
112		海南省滁州商会	余同成	2020年1月2日
113		义乌市滁州商会	李兵	2021年3月18日
114		成都滁州商会	徐义忠	2021年6月15日
115	六安	南京市六安商会	余述南	2012年8月28日
116		义乌市六安商会	陈贵永	2013年12月24日
117		广东省安徽六安商会	黄群文	2015年7月1日
118		温州市六安商会	朱树威	2016年11月15日
119		深圳市安徽六安商会	王烈勇	2016年11月24日
120		海南省六安商会	葛鑫	2017年9月1日
121		上海市六安商会	徐生山	2019年3月18日
122	宣城	南京市宣城商会	杨明军	2013年3月13日
123		广东省安徽宣城商会	韩光祥	2016年12月26日
124		海口市安徽宣城商会	曹正洪	2017年5月26日
125		海南省宣城商会	曹正洪	2019年11月7日
126		上海市宣城商会	李建平	2021年3月26日

序号	地级市	商会名称	法人代表	成立时间
127	宣城	宁波市宣城商会	叶飞	2021年5月14日
128		宁波市池州商会	陈健锋	2012年2月6日
129		东莞市安徽池州商会	方四龙	2014年11月27日
130		重庆市安徽池州商会	喻绪千	2016年11月28日
131		沈阳市池州商会	朱一飞	2017年5月11日
132	池州	深圳市安徽池州商会	吴鹰	2017年5月24日
133		上海市池州商会	高宝霖	2019年7月8日
134		杭州池州商会	阮恒	2019年11月20日
135		南京市池州商会	王文华	2020年7月27日
136		西安市安徽池州商会	张三羊	2021年6月18日
137		渭源县亳州商会	朱思辉	2012年2月28日
138		深圳市亳州商会	姚敬美	2014年11月14日
139		宁波市亳州商会	张显旺	2015年8月18日
140		上海市安徽亳州商会	张春	2015年10月9日
141		昆明市安徽亳州商会	陈亚军	2016年4月1日
142	亳州	海南省亳州商会	杨明贵	2016年12月11日
143		杭州市亳州商会	罗贤义	2017年5月11日
144		温州市亳州商会	陈浩	2017年10月24日
145		广东省安徽亳州商会	郑洪伟	2018年1月11日
146		玉林市亳州商会	张广军	2018年7月31日
147		天津市安徽亳州商会	姜勇飞	2018年10月8日

续　表

序号	地级市	商会名称	法人代表	成立时间
148		廊坊市亳州商会	王爱先	2018年10月11日
149		乌鲁木齐亳州商会	郭金香	2018年11月30日
150		兴安盟亳州商会	卢韦飞	2019年1月1日
151		西安市亳州商会	张明春	2019年5月8日
152		福建省安徽亳州商会	杨保红	2019年6月4日
153	亳州	义乌市亳州商会	田继成	2019年12月4日
154		成都亳州商会	张进	2020年12月15日
155		大连市亳州商会	张敬宇	2021年6月25日
156		济南市亳州商会	叶长良	2021年12月7日
157		南阳市亳州商会	张朝志	2021年12月9日
158		南京市亳州商会	方坤	2022年1月26日

（数据主要来自民政部全国社会组织信用信息公示平台）

　　对安徽省16个地级市的异地商会分布情况进行分析，如图1所示：异地商会数量排在前三位的分别是亳州市、阜阳市和安庆市。其中，亳州市的异地商会数最多，有22家，阜阳市有20家，安庆市有19家。宿州市和合肥市并列第四，均有12家异地商会。有5～10家异地商会的分别为芜湖市、池州市、黄山市、滁州市、六安市、蚌埠市、宣城市、铜陵市、淮南市。其余2个地级市的异地商会不足5家，分别是马鞍山市和淮北市。

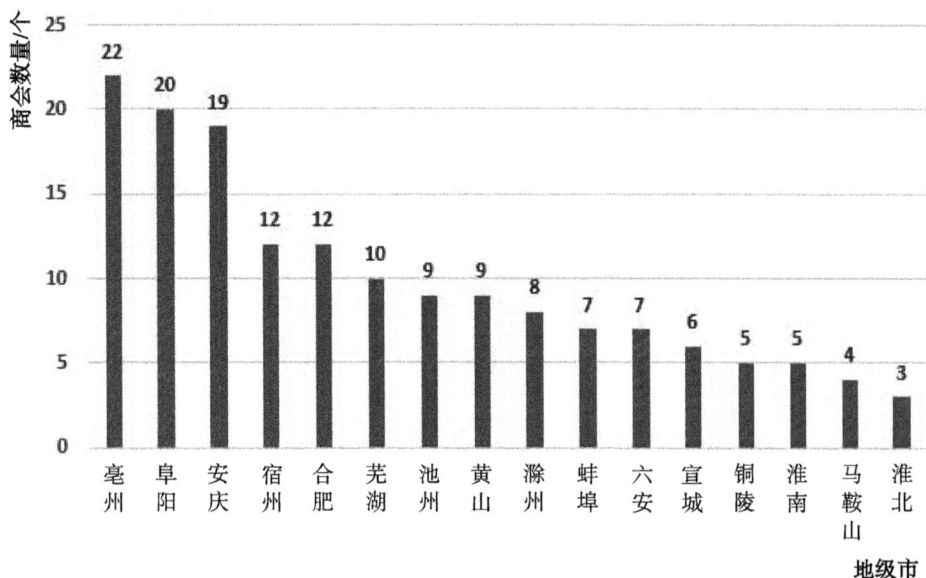

图1 安徽省16个地级市的异地商会一览

安徽省16个地级市所辖县（县级市）的省外异地商会共计62家（见表3）。

表3 安徽省16个地级市所辖县（县级市）省外异地商会

序号	地级市	商会名称	法人代表	成立时间
1	合肥	徐州市巢湖商会	徐小虎	2011年5月3日
2		北京巢湖企业商会	郑龙虎	2018年1月3日
3		杭州市合肥庐江商会	袁新丰	2019年5月13日
4	芜湖	南京市南陵商会	任持新	2014年5月6日
5		南京市无为商会	范业龙	2017年3月24日
6		天津市安徽无为商会	任士金	2019年1月30日
7		西安市无为商会	潘友春	2020年3月25日
8		广东省安徽无为商会	李海群	2021年1月19日

续　表

序号	地级市	商会名称	法人代表	成立时间
9	芜湖	上海市无为商会	范修荣	2022年1月4日
10	蚌埠	无锡市新吴区安徽五河商会	张茂	2018年1月22日
11	马鞍山	广东省安徽和县商会	张孟友	2019年1月2日
12	淮北	上海市安徽濉溪商会	朱怀刚	2021年7月20日
13	铜陵	南京市枞阳商会	陶唐苟	2014年12月25日
14	安庆	无锡市滨湖区太湖商会	朱正瑜	2005年6月9日
15		北京潜山企业商会	肖水生	2015年12月16日
16		西安市桐城商会	琚李根	2017年7月25日
17		广东省安徽怀宁商会	冯有如	2017年11月23日
18		天津市安徽潜山商会	洪光照	2018年8月27日
19		苏州市吴中区安徽太湖商会	叶汪和	2018年12月19日
20		深圳市安徽桐城商会	陈小飞	2018年12月24日
21		天津市安徽怀宁商会	邹潮波	2019年11月18日
22		杭州市安庆岳西商会	储团结	2019年12月5日
23		广州市安徽桐城商会	吴浩	2020年5月29日
24		湖州市吴兴区太湖商会	殷理平	2020年11月13日
25		南京市桐城商会	汪福胜	2021年4月2日
26		温州市鹿城区岳西商会	储昭兵	2021年10月14日
27		深圳市安徽潜山商会	王孙根	2021年11月22日
28	阜阳	深圳市安徽临泉商会	崔自成	2015年9月15日
29		深圳市安徽太和商会	刘晓刚	2018年6月11日
30		南京市秦淮区界首商会	杨天亮	2019年5月5日

序号	地级市	商会名称	法人代表	成立时间
31	阜阳	淳安县界首商会	姜红胜	2020年1月7日
32		北京安徽界首企业商会	贺海军	2021年12月30日
33	宿州	西安市萧县商会	冯家敏	2017年2月20日
34		深圳市安徽泗县商会	时玉	2017年9月8日
35		杭州市宿州萧县商会	郝井德	2019年11月21日
36		南京市灵璧商会	解刚	2021年7月13日
37		南通市砀山商会	李宁	2021年12月16日
38	滁州	扬州市天长商会	林宏华	2013年12月12日
39		深圳市天长商会	张春平	2015年3月2日
40		深圳市全椒商会	刘安	2015年5月15日
41		深圳市定远商会	李学军	2015年5月22日
42		南京市来安商会	陈洪冰	2017年10月19日
43		南京市建邺区天长商会	夏明龙	2018年3月2日
44		南京市秦淮区全椒商会	王成兵	2019年10月11日
45		无锡市惠山区天长商会	薛宗玉	2019年12月26日
46		南京市定远商会	杨超	2020年12月17日
47		南京市凤阳商会	马学兵	2021年1月20日
48		南京市明光商会	朱泽建	2021年2月24日
49	宣城	深圳市泾县商会	李明辉	2015年5月15日
50		广东省安徽绩溪商会	程建华	2019年1月17日
51		南京市秦淮区泾县商会	张土改	2020年4月3日

序号	地级市	商会名称	法人代表	成立时间
52	宣城	广东省安徽广德商会	杨正富	2020年4月21日
53		无锡市滨湖区广德商会	徐衡	2021年4月23日
54	池州	深圳市安徽东至商会	叶青	2017年8月21日
55		广东省安徽东至商会	胡金萍	2017年9月20日
56		广东省安徽青阳商会	汪卫强	2020年5月9日
57	亳州	深圳市安徽蒙城商会	张万好	2016年5月16日
58		北京蒙城企业商会	代雨东	2016年7月1日
59		广东省安徽利辛商会	李飞	2016年10月11日
60		深圳市安徽涡阳商会	吴锋	2018年5月4日
61		东莞市安徽利辛商会	殷光明	2018年10月16日
62		南京市秦淮区蒙城商会	徐忠海	2019年4月16日

（数据主要来自民政部全国社会组织信用信息公示平台）

安徽省16个地级市所辖县（县级市）的省外异地商会中，黄山、淮南、六安三地均是空白，芜湖无为市的省外异地商会最多。

二、海外徽商组织分布

在海外，各类徽商组织发展快速。截至2021年底，海外徽商组织达到26家（见表4）。

表4 海外徽商组织

序号	商会名称	成立时间	现任会长
1	加拿大安徽商会	2005年	俞荧
2	日本徽商协会	2006年	张书明
3	阿联酋安徽商会	2011年	潘尚旭
4	泰国安徽商会	2012年	汪洋
5	英国安徽商会	2012年	陈时荣
6	新加坡安徽商会	2014年	陈加品
7	柬埔寨安徽商会	2014年	刘忍
8	印度尼西亚安徽商会	2015年	何涛
9	俄罗斯安徽商会	2015年	吴咸宝
10	美国安徽商会	2015年	丁茂源
11	澳大利亚徽商总会	2016年	项翔
12	澳大利亚安徽总商会	2016年	陈凌
13	新西兰安徽商会	2016年	赵敬平
14	圣彼得堡安徽商会	2016年	王晶
15	全美徽商联合会	2017年	沈毅
16	海湾国家安徽总商会	2017年	沈晖
17	安徽华人华侨(德国)联谊会	2017年	倪道钧
18	瑞典安徽科技商业协会	2018年	段茂利
19	塞尔维亚安徽商会	2018年	余在礼
20	安哥拉安徽商会	2018年	朱祥增
21	芬兰安徽商会	2018年	吴立新

序号	商会名称	成立时间	现任会长
22	菲律宾安徽商会	2018年	刘传伏
23	越南中国商会安徽企业联合会	2018年	袁晓峰
24	日本安庆商会	2019年	刘元敬
25	尼日利亚安徽商会	2019年	伍大洋
26	阿联酋安庆商会	2021年	陈汪鹏

三、党建引领助推徽商组织建设

2021年是中国共产党成立100周年，各地徽商组织掀起了党史学习教育的高潮。会员们不忘初心，接受红色教育洗礼，促进了商会的建设和发展。

湖北省安徽商会党委在省工商联党组指导下，定期组织学习活动，召开民主生活会，集中学习领会党中央的指示精神，坚持以习近平新时代中国特色社会主义思想为指导，教育引导广大会员听党话，感党恩，跟党走，不断探索适应新形势的党建形式，开创党建工作的新局面。在党史学习教育中，商会党委（支部）分别组织党员、入党积极分子、青年企业家200多人参观党史学习教育纪念馆等，引导会员增强"四个意识"，坚定"四个自信"，做到"两个维护"；部署实施"清廉民企"主题教育活动，倡导"廉洁过节""绿色环保"行动，党委支部成员带头承诺做"清廉企业家党员""行动带头人"，以实际行动践行清廉理念；商会以社会主义核心价值观为纽带，打造抱团发展、合作共赢的命运共同体，营造风清气正、追求卓越、行稳致远的发展环境，推进商会各项建设。

贵州省安徽商会以提升组织力为重点，大力推进党支部标准化、规范化建设，着力提升党支部服务水平，严格落实党组织各项制度。商会党支部始终以严格落实党组织制度和上级决策部署为抓手，充分发挥党支部的核心领导作用，不断提升党支部的凝聚力、战斗力。2021年5月，贵州省安徽商会获得贵州省商会联合党委颁发的先进基层党组织称号。

广东省安徽商会继续开展党委筹备工作，积极发展党员，同时做好已成立的党支部的党建工作，通过与会员企业、其他商协会先进党组织的交流，全面提升党支部组织力，强化党支部政治功能，以党建引领商会健康发展。

陕西省安徽商会党支部深入会员企业，摸清其党员分布情况，对于有条件成立党支部的会员企业，帮助其尽快成立党支部，在条件成熟后，帮助其做好成立党委工作。同时，还积极组织广大会员深入学习贯彻习近平总书记赴陕西考察的重要讲话精神和在企业家座谈会上的重要讲话精神，贯彻落实"五项要求""五个扎实"，深刻把握决胜全面建成小康社会取得的历史性成就，深刻把握新发展阶段的实质内涵，深刻把握习近平总书记和党中央永远把人民放在第一位的真挚情怀，深刻把握加快构建新发展格局的重大部署，抓好宣传宣讲工作，把习近平总书记的重要讲话精神讲清楚、讲明白，让会员听得懂、能领会、可落实。

大连徽商商会举办"为梦而来，荣耀共享"14周年庆典暨《安徽人在大连》系列片发布活动。《安徽人在大连》是一部大型系列纪录片，充分展现了大连徽商商会在党的领导下取得的突出成绩和长足发展，集中展示了新时代大连徽商商会的工作新使命、新作为和安徽人的新担当、新风采。商会建立了自己的抖音号和微信视频号，系列片一经播出，就引起了广泛的社会反响，各大媒体纷纷报道，网评热度掀起高潮。

上海市安徽商会党支部带领会员企业通过多种形式开展党史学习教育活动，如走进绩溪县开展微党课学习活动，挺进大别山接受红色教育洗礼。

义乌市安徽商会每个月都定期开展主题党日活动，将支部党建工作与商会组织的活动高度融合起来，让支部与商会一起担当社会公益责任，尤其在助学、扶贫、抗疫、抗洪救灾等活动中起到带头模范作用。商会支部还开展重走长征路活动，坚持每年开展一次红色之旅，从嘉兴南湖到井冈山，再到遵义和延安。商会核心治理团队中80%的人都是党员。商会始终坚持党建引领，突出理论武装，强化理想信念，增强"四个意识"，坚定"四个自信"，做到"两个维护"，以习近平新时代中国特色社会主义思想为指导，紧紧围绕党的中心任务，抓党建、促会建，引导广大党员和会员听党话，感党恩，跟党走，不断开创商会工作的新局面。

在抓党建的同时，服务会员也是各地商会的一项重要工作内容。江苏省安徽商会为会员企业提供各类服务280余次，其中对接政府40余次，融资服务10余次，为会员企业解决各类困难60余次，给会员企业推介产品40余次，给会员企业员工解决就医看病、子女上学等难题20余次，帮助会员企业之间进行人员对接、项目对接、公司对接等近100次，帮助会员企业联系省外商会业务10余次。

宁波市安徽商会为了丰富会员文化生活，开展特色商会活动。例如，央视热播的三星堆考古发掘激起了许多会员对考古和文物保护的兴趣，于是商会邀请国家水下文化遗产保护宁波基地主任、宁波市文化遗产管理研究院院长开展"文化遗产资源的保护管理与活化利用"讲座，提高了大家对考古发现与文化遗产保护的认识，进一步增强了民族文化自信。

淄博徽商商会举办"徽商品牌年"主题活动，号召广大在淄徽商秉承徽商传统，发扬徽商文化，唱响"品牌徽商、诚信徽商"最强音，在淄博跨域式发展、高质量发展的新时期贡献淄博徽商的新作为、新担当。

镇江安徽商会积极贯彻落实"发挥商会调解优势，推进民营经济领域纠纷多元化解"的要求，充分发挥商会的资源优势，把商会人民调解委员会（简称"调委会"）作为会员企业的娘家人，将调委会建成有人员、有制度、有平台（"三有"）的成熟调解组织，赢得信任和公信力。自2020年以来，调委会调解纠纷标的达千万元，累计调解会员企业纠纷30余件，回访满意率达到100%。同时，调委会还对会员企业生产经营中出现的工伤事故处理、劳务纠纷、债权债务纠纷等主动介入，积极作为。

江门市安徽商会引领会员企业按照省市防疫工作部署，在做好自身防疫的情况下积极开展生产建设。商会调动各方力量协调会员企业的生产，使江门徽商在疫情期间仍能实现经济快速增长，实现年销售产值320亿元，比去年同期增加12%，在江门市各省级商会中名列前茅，为江门市的经济发展作出了贡献。

2021年，各级徽商组织在党建引领、服务会员、提升徽商形象等方面都做了大量工作，广大徽商充分认识到中国共产党的领导和中国特色社会主义制度是我们取得一切发展成就的牢固基石和根本动力，并始终坚定理想信念，不忘初心，服务会员，奉献社会。

四、商会区域联盟活动不断

2021年，虽然有疫情和洪灾的影响，但全国徽商组织区域联盟活动也不少。各徽商组织不断强化区（地）域间的合作交流，主要呈现两种态势：一是区域性商会之间的联盟、交流与论坛活动增加，如京津冀徽商论坛、上海徽商论坛等；二是地域性商会之间的联盟活动增加，如全国宜商（安庆商会）联盟、全国阜阳商会联盟、全国池州商会联盟等。

1. 第二届京津冀徽商精英年会

2021年4月28日，由京津冀徽商联席会组织发起，在建筑业企业家文化俱乐部及有关徽商组织、企业的支持下，第二届京津冀徽商精英年会暨建筑产业链发展前沿峰会在北京丰大国际酒店举行。来自各界的领导、商协会组织代表、知名专家学者、企业家及媒体代表等500余人参会。

2. 安徽国际徽商交流协会

安徽国际徽商交流协会一直致力于通过多种活动和宣传，促进徽商平台的建设，扩大徽商的影响力，推动徽商商会的健康发展。2021年7月13日，由安徽国际徽商交流协会主办，福建省安徽商会承办的2021年徽商调研和夏季秘书长研讨会在福州召开，来自全国各地共计20家徽商商会的秘书长参加会议。安徽省合作交流办公室、合肥市投资促进局、宿州市招商引资项目服务中心等相关部门负责同志参加会议。

2021年7月19日，由安徽国际徽商交流协会主办，陕西省安徽商会承办的2021年徽商商会部分秘书长（陕西）工作研讨会在西安召开。陕西省安徽商会相关负责同志及中西部徽商商会秘书长等20余人出席了会议。

3.徽联汇

徽联汇作为凝聚新徽商的交流平台，致力于打造中国新徽商企业家社群。2021年徽联汇举办了多场区域联盟活动。例如，2021年8月14日，以"争做徽骆驼、魅力新徽商"为主题的2021徽联汇新徽商合肥见面会在合肥君悦酒店举行。安徽国际徽商交流协会秘书长叶青松，徽联汇联合创始人、安徽财经大学新徽商研究中心主任王唤明，徽联汇秘书长刘梵炜、副秘书长刘中昌，古井贡酒策划推广部经理李坤、古井贡酒策划推广部主任李倩以及来自安徽、上海、杭州等地的徽商代表近40人参加了此次见面会。见面会上，围绕"徽骆驼精神"、新徽商创业等重要主题，与会嘉宾从不同角度分享真知灼见，畅叙新徽商发展。2021年9月26日，以"凝智慧，聚乡情，促发展"为主题的2021徽联汇上海见面会在上海徽府圆满结束，这是一场新徽商的深度交流，更是一次久别重逢的国庆聚会。

4.第二届上海徽商论坛

2021年10月31日，以"凝心聚力、创新发展"为主题的第二届上海徽商论坛在金茂大厦举办。本次论坛由上海市安徽马鞍山商会、上海市蚌埠商会、上海市滁州商会、上海市安庆商会、上海市安徽淮南商会、上海市阜阳商会、上海市安徽亳州商会、上海市铜陵商会、上海市池州商会、上海市六安商会联合主办。

大会邀请了国防大学政治学院教授华强、上海社会科学院院长王德忠做主题分享，上海市十大地级市商会会长进行了圆桌论坛，马鞍山市招商局进行了招商推介。本次论坛有 200 余名徽商企业家及社会各界人士参加。

五、商会建设创新高

2021 年，全国徽商组织建设取得了丰硕的成果，具体体现为民政部门的"5A"（即 AAAAA，是民政部门对社会性组织评定的最高级别）商会建设和工商联系统的"四好"（即政治引领好、队伍建设好、服务发展好、自律规范好）商会建设再传捷报。

截至 2021 年底，广东省安徽商会、海南省安徽商会、贵州省安徽商会、江苏省安徽商会、北京安徽企业商会、湖北省安徽商会、吉林省安徽商会、陕西省安徽商会、青岛市安徽商会、苏州市安徽商会、中山市安徽商会、温州市安徽商会、大连徽商商会、常州市安徽商会、宁波市安徽商会、广州市安徽商会、淄博徽商商会、嘉兴市安徽商会、桐乡市安徽商会等荣获"5A"级商会称号。2021 年，杭州市安徽商会、义乌市安徽商会被浙江省工商联认定为"百家示范商会"。另外，还有一批徽商组织成功创建全国、省市"四好"商会。

徽商企业

一、2021年徽商企业上市分析

企业上市虽然与企业的实力并非密切相关，但总体上来说，上市企业的形象优于非上市企业，上市企业的数量与当地的经济发展、产业发展、营商环境、城市竞争力、城市形象、发展活力等密切相关。徽商上市企业提升了徽商整体形象，引领了相关产业的发展。

据初步统计，截至2021年底，各类徽商上市企业超过220家，其中省内148家，省外70多家。

2021年，安徽新增上市企业18家（不含4家由新三板精选层"平移"的企业）。截至2021年底，安徽省境内上市企业总数为148家（见表5），位居全国第9。其中科创板皖企达到15家，位居全国第七；挂牌北交所的皖企有5家，位居全国第五。

表 5 安徽境内上市企业

序号	证券代码	证券简称	上市日期	上市地点	上市板
1	000521.SZ	长虹美菱	1993年10月18日	深圳	主板
2	000543.SZ	皖能电力	1993年12月20日	深圳	主板
3	600808.SH	马钢股份	1994年1月6日	上海	主板
4	000417.SZ	合肥百货	1996年8月12日	深圳	主板
5	000596.SZ	古井贡酒	1996年9月27日	深圳	主板
6	600761.SH	安徽合力	1996年10月9日	上海	主板
7	000619.SZ	海螺新材	1996年10月23日	深圳	主板
8	000630.SZ	铜陵有色	1996年11月20日	深圳	主板
9	000713.SZ	丰乐种业	1997年4月22日	深圳	主板
10	600054.SH	黄山旅游	1997年5月6日	上海	主板
11	600063.SH	皖维高新	1997年5月28日	上海	主板
12	000728.SZ	国元证券	1997年6月16日	深圳	主板
13	000868.SZ	安凯客车	1997年7月25日	深圳	主板
14	600199.SH	金种子酒	1998年8月12日	上海	主板
15	000850.SZ	华茂股份	1998年10月7日	深圳	主板
16	000859.SZ	国风新材	1998年11月19日	深圳	主板
17	000887.SZ	中鼎股份	1998年12月3日	深圳	主板
18	600218.SH	全柴动力	1998年12月3日	上海	主板
19	000930.SZ	中粮科技	1999年7月12日	深圳	主板
20	600237.SH	铜峰电子	2000年6月9日	上海	主板
21	000153.SZ	丰原药业	2000年9月20日	深圳	主板

序号	证券代码	证券简称	上市日期	上市地点	上市板
22	600255.SH	鑫科材料	2000年11月22日	上海	主板
23	600318.SH	新力金融	2000年12月8日	上海	主板
24	600418.SH	江淮汽车	2001年8月24日	上海	主板
25	600567.SH	山鹰国际	2001年12月18日	上海	主板
26	600520.SH	文一科技	2002年1月8日	上海	主板
27	600585.SH	海螺水泥	2002年2月7日	上海	主板
28	600496.SH	精工钢构	2002年6月5日	上海	主板
29	600551.SH	时代出版	2002年9月5日	上海	主板
30	600577.SH	精达股份	2002年9月11日	上海	主板
31	600552.SH	凯盛科技	2002年11月8日	上海	主板
32	600012.SH	皖通高速	2003年1月7日	上海	主板
33	600575.SH	淮河能源	2003年3月28日	上海	主板
34	600375.SH	汉马科技	2003年4月1日	上海	主板
35	600502.SH	安徽建工	2003年4月15日	上海	主板
36	600444.SH	国机通用	2004年2月19日	上海	主板
37	600470.SH	六国化工	2004年3月5日	上海	主板
38	600985.SH	淮北矿业	2004年4月28日	上海	主板
39	600990.SH	四创电子	2004年5月10日	上海	主板
40	002005.SZ	ST德豪	2004年6月25日	深圳	主板
41	002014.SZ	永新股份	2004年7月8日	深圳	主板
42	600983.SH	惠而浦	2004年7月27日	上海	主板

序号	证券代码	证券简称	上市日期	上市地点	上市板
43	600971.SH	恒源煤电	2004年8月17日	上海	主板
44	002042.SZ	华孚时尚	2005年4月27日	深圳	主板
45	002057.SZ	中钢天源	2006年8月2日	深圳	主板
46	002074.SZ	国轩高科	2006年10月18日	深圳	主板
47	002136.SZ	安纳达	2007年5月30日	深圳	主板
48	002140.SZ	东华科技	2007年7月12日	深圳	主板
49	002147.SZ	*ST新光	2007年8月8日	深圳	主板
50	002171.SZ	楚江新材	2007年9月21日	深圳	主板
51	601918.SH	新集能源	2007年12月19日	上海	主板
52	002208.SZ	合肥城建	2008年1月28日	深圳	主板
53	002226.SZ	江南化工	2008年5月6日	深圳	主板
54	002230.SZ	科大讯飞	2008年5月12日	深圳	主板
55	002298.SZ	中电兴发	2009年9月29日	深圳	主板
56	300009.SZ	安科生物	2009年10月30日	深圳	创业板
57	002331.SZ	皖通科技	2010年1月6日	深圳	主板
58	601801.SH	皖新传媒	2010年1月18日	上海	主板
59	002347.SZ	泰尔股份	2010年1月28日	深圳	主板
60	002361.SZ	神剑股份	2010年3月3日	深圳	主板
61	300087.SZ	荃银高科	2010年5月26日	深圳	创业板
62	300088.SZ	长信科技	2010年5月26日	深圳	创业板
63	300134.SZ	大富科技	2010年10月26日	深圳	创业板

序号	证券代码	证券简称	上市日期	上市地点	上市板
64	002538.SZ	司尔特	2011年1月18日	深圳	主板
65	002541.SZ	鸿路钢构	2011年1月18日	深圳	主板
66	002555.SZ	三七互娱	2011年3月2日	深圳	主板
67	002556.SZ	辉隆股份	2011年3月2日	深圳	主板
68	002557.SZ	洽洽食品	2011年3月2日	深圳	主板
69	002571.SZ	德力股份	2011年4月12日	深圳	主板
70	300218.SZ	安利股份	2011年5月18日	深圳	创业板
71	002597.SZ	金禾实业	2011年7月7日	深圳	主板
72	300247.SZ	融捷健康	2011年7月29日	深圳	创业板
73	002607.SZ	中公教育	2011年8月10日	深圳	主板
74	300274.SZ	阳光电源	2011年11月2日	深圳	创业板
75	002690.SZ	美亚光电	2012年7月31日	深圳	主板
76	603308.SH	应流股份	2014年1月22日	上海	主板
77	300388.SZ	节能国祯	2014年8月1日	深圳	创业板
78	603011.SH	合锻智能	2014年11月7日	上海	主板
79	002743.SZ	富煌钢构	2015年2月17日	深圳	主板
80	603199.SH	九华旅游	2015年3月26日	上海	主板
81	603599.SH	广信股份	2015年5月13日	上海	主板
82	300452.SZ	山河药辅	2015年5月15日	深圳	创业板
83	603198.SH	迎驾贡酒	2015年5月28日	上海	主板
84	300475.SZ	香农芯创	2015年6月10日	深圳	创业板

序号	证券代码	证券简称	上市日期	上市地点	上市板
85	603589.SH	口子窖	2015年6月29日	上海	主板
86	300520.SZ	科大国创	2016年7月8日	深圳	创业板
87	603031.SH	安德利	2016年8月22日	上海	主板
88	002817.SZ	黄山胶囊	2016年10月25日	深圳	主板
89	600909.SH	华安证券	2016年12月6日	上海	主板
90	300577.SZ	开润股份	2016年12月21日	深圳	创业板
91	603689.SH	皖天然气	2017年1月10日	上海	主板
92	300595.SZ	欧普康视	2017年1月17日	深圳	创业板
93	603429.SH	集友股份	2017年1月24日	上海	主板
94	603656.SH	泰禾智能	2017年3月21日	上海	主板
95	603768.SH	常青股份	2017年3月24日	上海	主板
96	603801.SH	志邦家居	2017年6月30日	上海	主板
97	603357.SH	设计总院	2017年8月1日	上海	主板
98	300692.SZ	中环环保	2017年8月21日	深圳	创业板
99	603527.SH	众源新材	2017年9月7日	上海	主板
100	603110.SH	东方材料	2017年10月13日	上海	主板
101	603356.SH	华菱精工	2018年1月24日	上海	主板
102	603596.SH	伯特利	2018年4月27日	上海	主板
103	601606.SH	长城军工	2018年8月6日	上海	主板
104	300783.SZ	三只松鼠	2019年7月12日	深圳	创业板
105	603815.SH	交建股份	2019年10月21日	上海	主板

序号	证券代码	证券简称	上市日期	上市地点	上市板
106	002969.SZ	嘉美包装	2019年12月2日	深圳	主板
107	300815.SZ	玉禾田	2020年1月23日	深圳	创业板
108	300816.SZ	艾可蓝	2020年2月10日	深圳	创业板
109	002983.SZ	芯瑞达	2020年4月28日	深圳	主板
110	300835.SZ	龙磁科技	2020年5月25日	深圳	创业板
111	688600.SH	皖仪科技	2020年7月3日	上海	科创板
112	688027.SH	国盾量子	2020年7月9日	上海	科创板
113	688165.SH	埃夫特-U	2020年7月15日	上海	科创板
114	605108.SH	同庆楼	2020年7月16日	上海	主板
115	688077.SH	大地熊	2020年7月22日	上海	科创板
116	430489.BJ	佳先股份	2020年7月27日	北京	北证
117	833994.BJ	翰博高新	2020年7月27日	北京	北证
118	688586.SH	江航装备	2020年7月31日	上海	科创板
119	300862.SZ	蓝盾光电	2020年8月24日	深圳	创业板
120	300877.SZ	金春股份	2020年8月24日	深圳	创业板
121	002997.SZ	瑞鹄模具	2020年9月3日	深圳	主板
122	300883.SZ	龙利得	2020年9月10日	深圳	创业板
123	688551.SH	科威尔	2020年9月10日	上海	科创板
124	300886.SZ	华业香料	2020年9月16日	深圳	创业板
125	688219.SH	会通股份	2020年11月18日	上海	科创板
126	003020.SZ	立方制药	2020年12月15日	深圳	主板

续　表

序号	证券代码	证券简称	上市日期	上市地点	上市板
127	003027.SZ	同兴环保	2020年12月18日	深圳	主板
128	832000.BJ	安徽凤凰	2020年12月23日	北京	北证
129	688679.SH	通源环境	2020年12月25日	上海	科创板
130	831856.BJ	浩森科技	2020年12月25日	北京	北证
131	300929.SZ	华骐环保	2021年1月20日	深圳	创业板
132	003038.SZ	鑫铂股份	2021年2月10日	深圳	主板
133	300956.SZ	英力股份	2021年3月26日	深圳	创业板
134	688659.SH	元琛科技	2021年3月31日	上海	科创板
135	688630.SH	芯碁微装	2021年4月1日	上海	科创板
136	688639.SH	华恒生物	2021年4月22日	上海	科创板
137	605189.SH	富春染织	2021年5月28日	上海	主板
138	688367.SH	工大高科	2021年6月28日	上海	科创板
139	688768.SH	容知日新	2021年7月26日	上海	科创板
140	688733.SH	壹石通	2021年8月17日	上海	科创板
141	301049.SZ	超越科技	2021年8月24日	深圳	创业板
142	001217.SZ	华尔泰	2021年9月29日	深圳	主板
143	301129.SZ	瑞纳智能	2021年11月2日	深圳	创业板
144	688162.SH	巨一科技	2021年11月10日	上海	科创板
145	871981.BJ	晶赛科技	2021年11月15日	北京	北证
146	600935.SH	华塑股份	2021年11月26日	上海	主板
147	301108.SZ	洁雅股份	2021年12月3日	深圳	创业板

续　表

序号	证券代码	证券简称	上市日期	上市地点	上市板
148	301167.SZ	建研设计	2021年12月6日	深圳	创业板

（数据来自中国证券监督管理委员会安徽监管局）

省外徽商上市企业中，广东省徽商上市企业最多，而且大多数是制造型和科技型企业，这与珠三角地区制造业的发展有很大关联。省外徽商上市企业见表6、表7、表8、表9、表10。

表6　广东省徽商上市企业

序号	证券代码	证券简称	徽商	籍贯
1	002594.SZ 01211.HK	比亚迪	王传福	无为
2	00285.HK	比亚迪电子	王传福	无为
3	002192.SZ	融捷股份	吕向阳	无为
4	300247.SZ	融捷健康	吕向阳	无为
5	000687.SZ	华讯方舟	吕向阳	无为
6	300760.SZ	迈瑞医疗	李西廷	砀山
7	600499.SH	科达制造	边程	安徽
8	300115.SZ	长盈精密技术	陈奇星	望江
9	300376.SZ	易事特	何思模	宿松
10	603808.SH	歌力思服饰	夏国新	安徽
11	300533.SZ	冰川网络	刘和国	东至
12	002421.SZ	达实智能	刘磅	宿州

序号	证券代码	证券简称	徽商	籍贯
13	300044.SZ	赛为智能	周勇	舒城
14	300506.SZ	名家汇	程宗玉	六安
15	002201.SZ	正威新材	王文银	潜山
16	300134.SZ	大富科技	孙尚传	怀远
17	00933.HK	光汇石油	薛光林	天长
18	300083.SZ	创世纪	夏军	庐江
19	01543.HK	中盈盛达	吴列进	桐城
20	300047.SZ	天源迪科	陈友	铜陵
21	300131.SZ	英唐智能	胡庆周	淮北
22	002005.SZ	德豪润达	王冬雷	蚌埠
23	02222.HK	雷士国际	王冬雷	蚌埠
24	300130.SZ	新国都	江汉	六安
25	002600.SZ	领益智造	江南东	绩溪
26	AFC（NZAX）	澳亚食品股份	夏阳	巢湖
27	APX 819	澳洲三和建材	夏阳	巢湖
28	000333.SZ	美的集团	方洪波	枞阳
39	002399.SZ	海普瑞	李坦	阜阳
30	002042.SZ	华孚时尚	陈玲芬	淮北
31	688788.SH	科思科技	刘建德	合肥

表7　江苏省徽商上市企业

序号	证券简称	证券代码	徽商	籍贯
1	002024.SZ	苏宁易购	张近东	天长
2	日本：ラオックス【8202】	乐购仕	张近东	天长
3	000718.SZ	苏宁环球	张桂平	天长
4	韩国：RedRover	RedRover	张桂平	天长
5	00607.HK	丰盛控股	季昌群	当涂
6	00658.HK	中国高速传动	季昌群	当涂
7	01068.HK	雨润食品	祝义财	桐城
8	600280.SH	中央商场	祝义财	桐城
9	002074.SZ	国轩高科	李缜	桐城
10	01585.HK	雅迪控股	董经贵	六安
11	688408.SH	中信博新能源	蔡浩	安庆
12	605089.SH	味知香	夏靖	合肥

表8　上海市徽商上市企业

序号	证券代码	证券简称	徽商	籍贯
1	300398.SZ	飞凯材料	张金山	宿松
2	02013.HK	微盟集团	孙涛勇	宿松
3	01589.HK	中国物流资产	李士发	南陵
4	002558.SZ	巨人网络	史玉柱	怀远
5	NASDAQ：NIO	蔚来汽车	李斌	太湖
6	605338.SH	巴比食品	刘会平	怀宁

续　表

序号	证券代码	证券简称	徽商	籍贯
7	603466.SH	风语筑	李晖	淮南
8	DDL	叮咚买菜	梁昌霖	安徽
9	603729.SH	龙韵股份	余亦坤	怀宁

表9　浙江省徽商上市企业

序号	证券代码	证券简称	徽商	籍贯
1	01753.HK	兑吧集团	陈晓亮	怀宁
2	NASDAQ:YJ	云集	肖尚略	铜陵
3	01575.HK	慕容家居	邹格兵	望江
4	300566.SZ	激智科技	张彦	六安
5	002124.SZ	天邦食品	张邦辉	巢湖
6	688299.SH	长阳科技	金亚东	霍邱
7	603538.SH	美诺华	姚成志	霍山
8	605116.SH	奥锐特	彭志恩	桐城

表10　全国其他省份徽商上市企业

序号	证券代码	证券简称	徽商	籍贯
1	00582.HK	蓝鼎国际	仰智慧	潜山
2	08502.HK	远航港口	桂四海	桐城
3	00159.HK	布莱克万矿业	桂四海	桐城
4	603567.SH	珍宝岛	方同华	亳州

序号	证券代码	证券简称	徽商	籍贯
5	00992.HK	联想集团	杨元庆	合肥
6	NASDAQ:TIGR	老虎证券	巫天华	安徽
7	605168.SH	三人行传媒	钱俊冬	无为
8	688658.SH	悦康药业	于伟仕	太和
9	688776.SH	国光电气	张亚	蚌埠
10	688021.SH	奥福环保	潘吉庆	蚌埠
11	02279.HK	雍禾医疗	张玉	泗县
12	688028.SH	沃尔德	陈继锋	亳州

二、2021年《财富》世界500强中的徽商企业

2021年8月2日，财富Plus App全球同步发布了2021年《财富》世界500强排行榜。1995年8月7日，《财富》杂志第一次发布同时涵盖工业企业和服务性企业的《财富》世界500强排行榜。2021年，《财富》杂志连续第27次发布这份全球大公司排行榜，其中有6家徽商企业上榜（见表11）。对比2020年的榜单排名，这6家徽商企业中的5家排名都有上升。

表11　2021年《财富》世界500强中的徽商企业

序号	企业名称	2021年排名	2020年排名
1	正威国际集团有限公司	68	91
2	联想集团有限公司	159	224
3	美的集团股份有限公司	288	307

续 表

序号	企业名称	2021年排名	2020年排名
4	安徽海螺集团有限责任公司	315	367
5	苏宁易购集团股份有限公司	328	324
6	铜陵有色金属集团控股有限公司	407	456

三、2021年中国企业500强中的徽商企业

2021年9月25日，2021中国500强企业高峰论坛在长春举办，中国企业联合会、中国企业家协会连续第20次向社会发布中国企业500强榜单。该榜单显示，2021年中国500强企业营业收入和净利润总额实现增长，资产扩张有所加快，千亿俱乐部企业增至222家，产业结构优化升级。2021年中国500强企业规模逆势增长，共实现营业收入89.83万亿元，比上年增长了4.43%。同时，2021年中国500强企业的利润总额达到6万亿元，比上年增长了7.75%；实现净利润4.07万亿元，比上年增长了4.59%。本次榜单中有12家徽商企业入选（见表12）。

表12 2021年中国企业500强中的徽商企业

序号	企业名称	2021年排名	2020年排名
1	正威国际集团有限公司	22	23
2	苏宁控股集团	29	18
3	联想集团控股股份有限公司	53	50
4	美的集团股份有限公司	82	80
5	安徽海螺集团有限责任公司	90	92

序号	企业名称	2021 年排名	2020 年排名
6	铜陵有色金属集团控股有限公司	113	112
7	比亚迪股份有限公司	147	165
8	奇瑞控股集团有限公司	258	272
9	安徽建工集团控股有限公司	327	358
10	安徽江淮汽车集团控股有限公司	348	384
11	中科电力装备集团有限公司	454	400
12	淮河能源控股集团有限责任公司	465	415

四、2021 年中国民营企业 500 强中的徽商企业

2021 年 9 月 25 日，2021 中国民营企业 500 强峰会在长沙举行。会上发布了 2021 年中国民营企业 500 强榜单，其中有 11 家徽商企业上榜（见表 13）。

表 13　2021 年中国民营企业 500 强中的徽商企业

序号	企业名称	2021 年排名	2020 年排名
1	正威国际集团有限公司	4	3
2	联想控股股份有限公司	9	7
3	美的集团股份有限公司	16	12
4	苏宁易购集团股份有限公司	20	2
5	比亚迪股份有限公司	39	37
6	六安钢铁控股集团有限公司	195	—

续　表

序号	企业名称	2021年排名	2020年排名
7	文一投资控股集团	314	306
8	金鹏控股集团有限公司	372	367
9	广东领益制造股份有限公司	385	400
10	合肥维天运通信息科技股份有限公司	432	477
11	山鹰国际控股股份公司	454	429

五、2021年《财富》中国500强中的徽商企业

2021年7月20日，财富Plus App发布了2021年《财富》中国500强排行榜，考量了全球范围内最大的中国上市企业在过去一年的业绩和成就。该榜单由《财富》（中文版）与中金公司财富管理部合作编制。入选2021年《财富》中国500强榜单的徽商企业有14家（见表14），其中新进的徽商企业为深圳迈瑞生物医疗电子股份有限公司，2020年上榜的安徽辉隆农资集团股份有限公司退出了榜单。

表14　2021年《财富》中国500强中的徽商企业

序号	企业名称	排名
1	联想控股股份有限公司	27
2	美的集团股份有限公司	39
3	苏宁易购集团股份有限公司	43
4	安徽海螺水泥股份有限公司	66
5	比亚迪股份有限公司	73

序号	企业名称	排名
6	铜陵有色金属集团股份有限公司	110
7	马鞍山钢铁股份有限公司	139
8	安徽建工集团股份有限公司	201
9	淮北矿业控股股份有限公司	219
10	安徽江淮汽车集团股份有限公司	265
11	徽商银行股份有限公司	326
12	山鹰国际控股股份公司	396
13	深圳迈瑞生物医疗电子股份有限公司	455
14	中粮生物科技股份有限公司	473

六、2021年长三角百强企业中的徽商企业

2021年11月18日，长三角三省一市企业联合会共同发布2021年长三角百强企业排行榜，其中有10家徽商企业上榜（见表15）。新入榜单的徽商企业有安徽建工集团控股有限公司，2020年上榜的合肥百货大楼集团股份有限公司退出了榜单。

表15　2021年长三角百强企业中的徽商企业

序号	企业名称	排名
1	苏宁控股集团	5
2	安徽海螺集团有限责任公司	20
3	铜陵有色金属集团控股有限公司	22

续　表

序号	企业名称	排名
4	联宝(合肥)电子科技有限公司	42
5	中铁四局集团有限公司	55
6	全威(铜陵)铜业科技有限公司	65
7	奇瑞控股集团有限公司	69
8	美的集团芜湖公司	74
9	淮北矿业(集团)有限责任公司	89
10	安徽建工集团控股有限公司	94

七、2021年其他榜单中的徽商企业

2022年1月4日，Wind资讯发布了2021年度中国上市企业市值500强榜单，其中有19家徽商企业上榜（见表16）。

表16　Wind资讯2021年度中国上市企业市值500强中的徽商企业

序号	证券简称	市值/亿元	排名
1	比亚迪	7255	15
2	美的集团	5156	19
3	迈瑞医疗	4629	25
4	蔚来	3283	43
5	阳光电源	2165	76
6	海螺水泥	2026	80
7	科大讯飞	1221	160

续　表

序号	证券简称	市值/亿元	排名
8	古井贡酒	1106	187
9	信义光能	961	214
10	联想集团	882	236
11	国轩高科	853	244
12	三七互娱	599	332
13	海螺创业	569	355
14	迎驾贡酒	556	362
15	比亚迪电子	526	384
16	领益智造	520	392
17	欧普康视	488	417
18	中公教育	485	421
19	口子窖	425	484

2021年2月，广东省企业联合会、广东省企业家协会联合发布了2021广东企业500强榜单，其中有14家徽商企业上榜（见表17）。

表17　2021广东企业500强中的徽商企业

序号	企业名称	排名
1	正威国际集团有限公司	3
2	美的集团股份有限公司	13
3	比亚迪股份有限公司	20
4	深圳迈瑞生物医疗电子股份有限公司	118

续表

序号	企业名称	排名
5	普联技术有限公司	134
6	深圳市长盈精密技术股份有限公司	195
7	深圳市海普瑞药业集团股份有限公司	289
8	深圳天源迪科信息技术股份有限公司	292
9	易事特集团股份有限公司	327
10	广东创世纪智能装备集团股份有限公司	361
11	深圳达实智能股份有限公司	385
12	深圳市飞荣达科技股份有限公司	407
13	深圳市新国都股份有限公司	426
14	协创数据技术股份有限公司	471

2021年10月29日，"奋进双区建设　勇当质量先锋"2021深圳500强企业榜单发布暨第四届"深圳百名行业领军人物"授牌盛典在深圳五洲宾馆举办。活动现场，深圳市企业联合会、深圳市企业家协会发布了2021深圳500强企业榜单和《2021深圳500强企业发展报告》，其中有11家徽商企业上榜（见表18）。

表18　2021深圳500强企业中的徽商企业

序号	企业名称	排名
1	正威国际集团有限公司	3
2	比亚迪股份有限公司	9
3	深圳迈瑞生物医疗电子股份有限公司	58
4	普联技术有限公司	76

序号	企业名称	排名
5	深圳市英唐智能控制股份有限公司	98
6	深圳市长盈精密技术股份有限公司	103
7	深圳市苏宁易购销售有限公司	105
8	深圳天源迪科信息技术股份有限公司	143
9	深圳达实智能股份有限公司	203
10	深圳歌力思服饰股份有限公司	295
11	深圳市赛为智能股份有限公司	315

2021年12月20日，由中国机械工业企业管理协会和机械工业信息研究院共同主办的2021年（第十九届）中国机械500强研究报告发布会在北京举行。研究报告显示，2021年中国机械500强企业对机械行业平稳发展作用突出，500强企业对行业营业收入贡献率为44.1%，对行业利润贡献率为42.5%，对行业资产贡献率为49.8%。会上发布了2021年中国机械500强榜单，其中有24家徽商企业上榜（见表19）。

表19　2021年中国机械500强中的徽商企业

序号	企业名称	排名
1	比亚迪股份有限公司	19
2	阳光电源股份有限公司	36
3	雅迪集团控股有限公司	59
4	安徽叉车集团有限责任公司	81
5	安徽鸿路钢结构(集团)股份有限公司	94

序号	企业名称	排名
6	长江精工钢结构(集团)股份有限公司	119
7	铜陵精达特种电磁线股份有限公司	121
8	安徽江淮汽车集团控股有限公司	127
9	深圳市长盈精密技术股份有限公司	147
10	安徽中鼎控股(集团)股份有限公司	167
11	科达制造股份有限公司	185
12	芜湖伯特利汽车安全系统股份有限公司	203
13	安徽全柴集团有限公司	206
14	江苏中信博新能源科技股份有限公司	214
15	易事特集团股份有限公司	224
16	安徽全柴动力股份有限公司	244
17	合肥美亚光电技术股份有限公司	299
18	安徽富煌钢构股份有限公司	313
19	安徽皖南电机股份有限公司	329
20	安徽安凯汽车股份有限公司	415
21	安徽应流机电股份有限公司	428
22	宣城市华菱精工科技股份有限公司	439
23	深圳市新国都股份有限公司	453
24	合肥常青机械股份有限公司	480

2022年4月20日,江苏省文化产业高质量发展推进会以视频会议形式在南京召开,会上发布了第四届江苏民营文化企业30强榜单。江苏省安徽商会轮值会长单位——南京金箔控股旗下金

陵金箔集团股份有限公司、商会常务副会长单位——南京首屏商擎网络技术有限公司入选该榜单。南京金箔控股旗下金陵金箔集团股份有限公司多年来致力于传承和弘扬传统金箔非遗文化，经过60多年的建设与发展，现已成为具有世界影响力的真金箔生产基地、江苏文化领域的杰出企业，产品远销40多个国家和地区。南京首屏商擎网络技术有限公司是一家集互联网信息服务及通信增值业务软硬件研发与集成于一体的综合性网络科技企业，公司始终秉承"提升南京广大企业网络营销能力"原则，运用自身专业的网络营销技术为南京市广大企业提供专业可信赖的服务。目前，公司员工数量超过2000人，服务南京市企业数量已突破20000余家。

徽 商 人 物

本书中的徽商人物是指省内外的各类徽商企业家，包括省外安徽籍的企业家和省内的企业家，他们传承徽商文化，弘扬徽商精神和企业家精神，带领企业开拓进取，不断创新，在各领域领跑行业发展。

一、多位徽商入选2021年福布斯、胡润、《财富》榜单

2021年11月4日，福布斯发布2021年中国富豪榜，前100位上榜者中，有5位徽商企业家（见表20）。

表20　2021年福布斯中国富豪榜前100名中的徽商企业家

序号	姓名	职位	排名
1	王传福	比亚迪汽车股份有限公司董事局主席	14
2	李西廷	深圳迈瑞生物医疗电子股份有限公司董事长	19
3	吕向阳	融捷控股集团董事长	24
4	王文银	正威国际集团董事局主席	25
5	曹仁贤	阳光电源董事长	47

2021年10月27日，胡润研究院发布了2021胡润百富榜，其中有5位徽商企业家入选（见表21）。

表21 2021胡润百富榜中的徽商企业家

序号	姓名	企业简称	排名
1	王传福	比亚迪	20
2	吕向阳、张长虹夫妇	融捷控股	25
3	王文银家族	正威国际	36
4	李西廷	迈瑞医疗	37
5	曹仁贤	阳光电源	84

2021年3月17日，财富中文网发布了2021年中国最具影响力的50位商界领袖，其中有4位徽商企业家入选（见表22）。

表22 财富中文网2021年中国最具影响力的50位商界领袖中的徽商企业家

序号	姓名	职位	排名
1	王传福	比亚迪汽车股份有限公司董事局主席	7
2	张近东	苏宁易购集团董事长	23
3	方洪波	美的集团股份有限公司董事长兼总裁	24
4	杨元庆	联想集团董事局主席兼首席执行官	36

2021年7月15日，福布斯发布了2021年中国最佳CEO榜，共有50位企业CEO上榜，其中有5位徽商企业家（见表23）。

表23 福布斯2021年中国最佳CEO榜中的徽商企业家

序号	姓名	企业简称	排名
1	王传福	比亚迪	3
2	方洪波	美的集团	6

序号	姓名	企业简称	排名
3	吴斌	海螺水泥	15
4	曹仁贤	阳光电源	34
5	陶悦群	欧普康视	45

2021年2月22日，福布斯发布了2021年中国杰出商界女性百强榜。该榜单主要以数据分析与实地拜访相结合，以商界女性所在企业营收、营运质量、管理人数及公众影响力等为衡量指标，采取量化方式排名。在2021年福布斯中国商界潜力女性百强榜中，有3位徽商入选，分别是排名第59位的陈玲芬，华孚时尚副董事长、总裁；排名第76位的李坦，海普瑞联合创始人、副总经理；排名第100位的钱静红，雅迪控股联合创始人、行政总裁。

二、2021年度创新力徽商

2021年11月19日，在世界制造业大会徽商论坛上，2021徽商年度创新人物榜单重磅发布（见表24），10位深耕制造业，勇立潮头，引领新技术、新产品、新业态、新模式发展潮流的徽商企业家上榜。他们在安徽这片热土上深耕实体，在做宽做长产业链供应链上积极进取，是制造业高质量发展的推动者。

表24　2021徽商年度创新人物

序号	姓名	职位
1	冯雷	合肥维天运通信息科技股份有限公司董事长

续 表

序号	姓名	职位
2	刘庆峰	科大讯飞股份有限公司董事长
3	刘守国	以诺康医疗科技有限公司董事长
4	孙风雨	汉源智慧(北京)科技有限公司董事长
5	李荣杰	安徽丰原集团有限公司董事长
6	李建平	上海鑫蓝海自动化科技有限公司董事长
7	吴列进	广东中盈盛达融资担保投资股份有限公司董事长
8	周保国	京泰控股集团有限公司董事长
9	张维	基石资产管理股份有限公司董事长
10	高前文	芜湖长信科技股份有限公司董事长

三、徽商百富榜

安徽财经大学新徽商研究中心通过对各类财富榜单的梳理分析,推出徽商百富榜(截至2021年底),其中有4位徽商财富超过千亿元。徽商百富榜如下(见表25):

表25 徽商百富榜

序号	姓名	企业简称	财富/亿元	籍贯	企业所在地
1	王传福	比亚迪	1420	无为	深圳
2	吕向阳	融捷控股	1360	无为	深圳
3	王文银	正威国际	1160	潜山	深圳
4	李西廷	迈瑞医疗	1150	萧县	深圳

序号	姓名	企业简称	财富/亿元	籍贯	企业所在地
5	曹仁贤	阳光电源	650	杭州	合肥
6	李斌	蔚来汽车	450	太湖	合肥
7	史玉柱	巨人集团	420	怀远	上海
8	董经贵	雅迪控股	303.6	六安	无锡
9	张近东	苏宁易购	240	天长	南京
10	陶悦群	欧普康视	230	和县	合肥
11	李缜	国轩高科	210	桐城	合肥
12	田明	美亚光电	190	合肥	合肥
13	杨休	东方投资	187.1	宣城	南京
14	李坦	海普瑞	173	阜阳	深圳
15	彭永东	贝壳找房	170.8	无为	北京
16	姜纯	楚江新材	161	无为	芜湖
17	李卫伟	三七互娱	150	成都	芜湖
18	方洪波	美的集团	142	枞阳	佛山
19	方同华	珍宝岛	140	亳州	哈尔滨
20	马东敏	百度网络	140	六安	北京
21	商晓波	鸿路钢构	140	嵊州	合肥
22	刘冀鲁	鼎泰稀土	132.9	当涂	马鞍山
23	井贤栋	蚂蚁集团	125	滁州	杭州
24	袁永刚	蓝盾光电	125	苏州	铜陵
25	曾开天	三七互娱	123	广州	芜湖

续表

序号	姓名	企业简称	财富/亿元	籍贯	企业所在地
26	陈先保	洽洽股份	120	合肥	合肥
27	季昌群	丰盛集团	115.6	当涂	南京
28	肖国庆	新华阳光	110	合肥	合肥
29	吴伟	新华发展	110	合肥	合肥
30	夏鼎湖	中鼎股份	109.7	宁国	宣城
31	吴绪顺	三七互娱	109	南陵	芜湖
32	刘庆峰	科大讯飞	107.3	泾县	合肥
33	史正富	同华投资	100	来安	上海
34	周平	玉禾田	100	哈尔滨	安庆
35	杨浩涌	车好多	100	合肥	北京
36	梁建坤	寒锐钴业	100	滁州	南京
37	程先锋	亿帆医药	99	合肥	合肥
38	黄金祥	安徽广信	96.8	广德	宣城
39	吴俊保	新华教育	95	合肥	合肥
40	陈奇星	长盈精密	90	望江	深圳
41	王乐康	明微电子	85	池州	深圳
42	倪永培	迎驾集团	82.3	霍山	六安
43	束小龙	老乡鸡	80	肥西	合肥
44	何思模	易事特	80	宿松	东莞
45	周夏耘	亚夏汽车	77.4	宁国	芜湖
46	周文育	文一投资	77	肥东	合肥

序号	姓名	企业简称	财富/亿元	籍贯	企业所在地
47	于伟仕	悦康药业	75.6	阜阳	北京
48	杨迎春	金和实业	75	来安	滁州
49	李晖	风语筑	75	淮南	上海
50	宋礼华	安科生物	72.5	当涂	合肥
51	蔡浩	中信博	70	宿松	苏州
52	张亚	国光电气	70	蚌埠	蚌埠
53	印奇	旷视科技	69.8	芜湖	北京
54	张桂平	苏宁环球	68	天长	南京
55	徐进	口子酒业	65	萧县	淮北
56	章燎原	三只松鼠	64.5	绩溪	芜湖
57	陈伟忠	科顺科技	62.7	安庆	佛山
58	阎焱	赛富投资	60	桐城	北京
59	唐柱学	汇川技术	58	宿州	深圳
60	杜应流	应流集团	56.6	霍山	六安
61	毕国祥	宝迪集团	55	桐城	天津
62	刘会平	巴比食品	55	怀宁	上海
63	余承东	华为技术	54.8	六安	深圳
64	王念强	比亚迪	50	铜陵	深圳
65	薛光林	光汇石油	50	天长	深圳
66	陈广川	同曦集团	46	固镇	南京
67	陈民	嘉美包装	46	滁州	滁州

续 表

序号	姓名	企业简称	财富/亿元	籍贯	企业所在地
68	孙伟挺	华孚时尚	45	绍兴	淮北
69	夏靖	味知香	45	苏州	合肥
70	郑伟鹤	同创伟业	44.5	芜湖	深圳
71	刘建德	科思科技	42	淮北	深圳
72	刘安省	口子酒业	42	淮北	淮北
73	杨元庆	联想集团	40	合肥	北京
74	梁金达	金达石油	40	滁州	南京
75	徐善水	集友股份	39	望江	安庆
76	程宗玉	名家汇	39	六安	深圳
77	钱俊冬	三人行	39	无为	西安
78	蒋学鑫	壹石通	39	蚌埠	怀远
79	黄明松	科大智能	38.7	六安	合肥
80	孙元武	金鹏建设	36	天长	合肥
81	刘屹	艾可蓝	35.7	青阳	池州
82	王海鹏	美盈森	34.5	蒙城	深圳
83	潘磊	佳仕科技	33.1	东至	深圳
84	孙涛勇	微盟股份	30	宿松	上海
85	陈继锋	沃尔德	28.9	亳州	北京
86	郑之开	维宏股份	28	宿松	上海
87	彭友	芯瑞达	28	蚌埠	合肥
88	范劲松	开润股份	27	滁州	滁州

续 表

序号	姓名	企业简称	财富/亿元	籍贯	企业所在地
89	边程	科达制造	27	马鞍山	佛山
90	方朝阳	长江精工	25.3	绍兴	六安
91	梁宏建	科思科技	25	宿州	深圳
92	姚成志	美诺华	25	霍山	宁波
93	彭志恩	奥锐特	24.9	桐城	天台
94	高志江	超越环保	24	信阳	滁州
95	刘海泉	晶宫集团	23.5	阜阳	合肥
96	沈基水	同庆楼	23.2	当涂	合肥
97	张金山	飞凯材料	23	宿松	上海
98	侯守法	长安投资	22.5	六安	北京
99	陈晓亮	兑吧集团	22	怀宁	杭州
100	张金山	飞凯材料	22	宿松	上海

对徽商百富榜中企业家的籍贯进行分析，如图2所示，其中有17位企业家的籍贯是安庆市，在安徽省地级市中的数量最多。其次是滁州市，有11位。籍贯为合肥市的企业家有10位。其余均在10位以下。

徽商百富榜中还包括外省在安徽省创业的10名新徽商，如图3所示，这些企业家主要来自浙江省、四川省、江苏省、广东省、黑龙江省、河南省等。外省企业家来安徽创业，极大地促进了安徽省的经济发展。

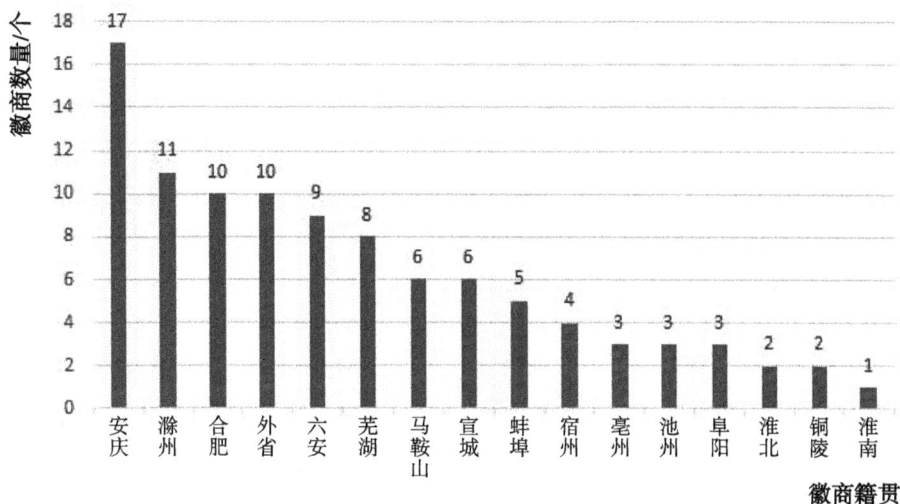

图2　徽商百富榜中企业家的籍贯分布

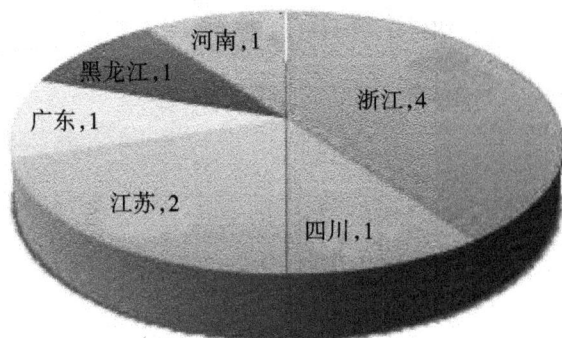

图3　徽商百富榜中外省企业家的籍贯分布

在徽商百富榜中，有4名徽商企业家的财富值在1000亿元以上，28名徽商企业家的财富值在100亿元～1000亿元，31名徽商企业家的财富值在50亿元～100亿元，财富值等于或少于50亿元的徽商企业家有37名（见图4）。由此可见，该榜单中超过一半的徽商企业家财富值在100亿元及以下，约四分之一的徽商企业家财富值在100亿元～1000亿元。这表明徽商财富值结构分布总体呈现出平稳和上升的发展态势。

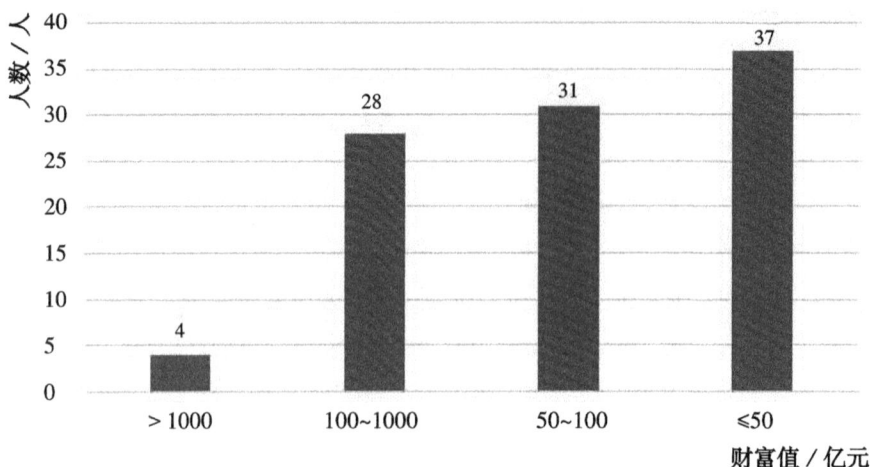

图4　徽商百富榜财富值分析

四、2021年其他榜单中的徽商

2021年3月28日，由杭州日报报业集团主办、每日商报社承办的黄金时代2021第七届杭商领袖峰会颁奖盛典在杭州举行，其中徽商企业鲜丰水果股份有限公司、杭州艺福堂茶业有限公司、圣都家居装饰有限公司荣获2021第七届杭商领袖峰会"责任杭商·脱贫攻坚卓越贡献奖"。

2021年8月27日，苏州市工商联（苏州市总商会）发布了2021年度民营经济领域"十大创业新苏州人"名单。其中，苏州绿控传动科技股份有限公司董事长兼总经理李磊获得"十大创业新苏州人"荣誉；苏州市安徽商会会长、苏州中岐科技集团有限公司董事长聂长岐，苏州市安徽商会副会长、苏州市味知香食品股份有限公司董事长夏靖获得"十大创业新苏州人"提名奖。

2021年8月30日，由深圳市行业领袖企业发展促进会、深圳商报＆读创客户端共同主办的新时代"深圳百名创新奋斗者"评选活动公布了评选结果，广东省安徽商会常务副会长、深圳市建筑装饰（集团）有限公司党委书记、董事长兼总裁吴富贵荣膺新时代"深圳百名创新奋斗者"称号。

2022年4月28日，由国家药品监督管理局南方医药经济研究所指导、《医药经济报》主办的"2021中国医药经济年度人物"评选活动公布了评选结果，徽商人物、悦康药业集团董事长于伟仕获此殊荣。

徽商创新

创新是引领发展的第一动力。科技自立自强是高质量发展的战略支撑。近年来，广大徽商一直聚焦创新这个关键变量，加快科技创新攻坚力量体系建设，推进原始创新、产业创新、协同创新、制度创新，既造"科技高峰"又造"科技高原"。安徽省的创新平台已实现从"夯基垒台"向"立柱架梁"转变，创新成果初步实现从"跟跑并跑"向"并跑领跑"转变，创新制度实现从"点上突破"向"系统集成"转变，创新转化实现从"单链衔接"向"六位一体"转变，围绕创新链布局产业链，围绕产业链部署创新链。事实证明，创新链、产业链的融合发展，可以让安徽省的科技创新能力更有效地转化为源源不断的产业动力。产业创新路上，安徽正在加速疾驰。

2021年12月11日发布的《中国区域创新能力评价报告2021》显示，安徽省2021年度区域创新能力排名第八，连续10年位居全国第一方阵。增强"第一动力"，保持"第一方阵"，安徽始终把科技自立自强作为跨越发展战略支撑，勇立全国创新发展格局的潮头。

一、合肥设立"合肥科学家日"

2021年1月7日下午，合肥市政府第81次常务会议讨论了"合肥科学家日"设立方案。会议指出，合肥是科教之城、创新高地，设立"合肥科学家日"具有重要意义。要落实好创新驱动发展战略，坚持"四个面向"，大力弘扬科学家精神，勉励广大科学家和科技工作者在科技自立自强上勇当开路先锋。要让科创与科普两翼齐飞，"合肥科学家日"的参与者既要包括在合肥的科学家、科技工作者和海内外科技人才，也要包括广大青少年，激发青少年的科学兴趣和创新思维，引领全社会形成崇尚科学、热爱科学的良好氛围。

关于合肥设立"合肥科学家日"的讨论始于2020年5月合肥市十六届人大三次会议期间，其中有一位代表提出关于设立"合肥科学家日"的建议。

此前，合肥市科技局曾在回复中表示，将结合合肥创新发展实际，向市政府研提设立"合肥科学家日"的具体方案。针对人大代表的建议，合肥市科技局认为，设立"合肥科学家日"具有积极意义。

合肥是中国四大科教城市之一，一直以来对科学教育的投入巨大，同时也是我国重要的科学教研基地，境内有中国科学技术大学、安徽大学、合肥工业大学等多所知名院校，还有科大讯飞、京东方等多个高新技术产业。

公开数据显示，在中国已经建成的22个国家大科学装置中，合肥占了6个；"十三五"规划新建大科学装置16个，合肥有2

个。这样，合肥一共有 8 个大科学装置。

此外，合肥拥有 4 个国家实验室，分别是量子信息科学国家实验室、国家同步辐射实验室、合肥微尺度物质科学国家研究中心、磁约束核聚变国家实验室。拥有人工智能中心、天地一体化信息网络合肥中心、超导核聚变中心、联合微电子中心、智慧能源创新中心、国家大基因中心、离子医学中心等一批中心与平台。

设立"合肥科学家日"，不仅要将其打造成合肥的名片，让合肥成为科学家的聚集地，还要崇尚科技创新精神，每年举办科学家大会，建设科学家主题公园和知名科学家名人馆，让"合肥科学家日"成为合肥乃至安徽创新的重要名片。

二、模式和制度创新助推徽商高质量发展

1. 沪、苏、浙城市结对合作帮扶皖北城市

2021 年 9 月 24 日，增强长三角欠发达区域高质量发展动能暨皖北承接产业转移集聚区建设推进大会在蚌埠召开。这是一次振兴皖北地区的再对标、促学习，再发力、促一体，再出发、促合作的大会，吹响了皖北地区高质量发展的新号角。皖北地区在安徽发展中具有举足轻重的地位，没有皖北地区的跨越式发展，就没有安徽的高质量发展。因此，要以加快建设皖北地区承接产业转移集聚区为突破口，坚持"四化同步"发展，积极推进产业承接转移，增强欠发达区域高质量发展动能。

2021 年 12 月初，国家发改委印发《沪苏浙城市结对合作帮扶皖北城市实施方案》，上海、江苏、浙江部分市区将结对帮扶

安徽省8市。"点对点""市对市"的结对合作帮扶是一盘区域协调发展大棋,更是皖北地区振兴的重大机遇。

具体结对安排:上海市闵行区—安徽省淮南市,上海市松江区—安徽省六安市,上海市奉贤区—安徽省亳州市,江苏省南京市—安徽省滁州市,江苏省苏州市—安徽省阜阳市,江苏省徐州市—安徽省淮北市,浙江省杭州市—安徽省宿州市,浙江省宁波市—安徽省蚌埠市。重点任务包括:开展干部互派挂职,根据工作需要和从严控制领导班子中挂职干部人数等规定,分批选派优秀干部到党政机关、企事业单位等挂职,注重安排优秀年轻干部参加;共建省际产业合作园区,探索创新飞地、园中园等模式和成本共担、利益共享等机制,鼓励中央和地方国有企业率先布局,积极推进产业转移与承接;搭建资本与项目对接平台,按照市场化机制探索设立专项基金,梳理重大项目清单,推动项目和资本高效对接;加强农业全产业链供应链协同,建设优质绿色农产品生产加工供应基地;加强文化旅游产业合作,共同开拓优势旅游资源,联合开发跨省市旅游路线和新产品;提升民生共享水平,推动优质教育、医疗、康养等资源共建共享;搭建人力资源供需和高技能人才共享平台,共同培训培养各类专业人才。

2.创新"双招双引"措施

2021年,安徽省把"双招双引"作为经济工作的"第一战场",运用市场的逻辑、资本的力量、平台的思维,形成项目、资金、人才等各类高端资源要素汇聚的强大引力场,使经济高质量发展的动能不断增强。具体措施有着眼补链、延链、强链和形成完整产业生态,在全球范围内确定"双招双引"的重点企业、核心技术、高端人才和团队,形成"十大新兴产业"发展明确的路线图和施工图；扩大招商线索来源，"平台""基金"双管齐下，跟踪服务加速项目落地，通过专业化、市场化招引等高效率的"打法"，让项目"找得到、引得来、落得下、留得住"；打造有为政府；等等。其中，"顶格战法"（即顶格倾听、顶格协调、顶格推进）就是有为政府的典型代表。例如，自 2021 年 3 月以来，芜湖市创新政企沟通机制，开展每周一次的"畅聊早餐会"，每周根据特定主题或产业分类邀请企业家参加，开门问策、畅通渠道、以商招商，努力让干事更高效、企业家更舒心，"双招双引"成果更显著。再如安庆市推行的"宜咖吧"企业家沙龙，蚌埠市推广的每周五"亲清"政商座谈会，黄山市推行的新安茶话会等，都是优化营商环境的具体体现。

三、安徽打造科技创新策源地

2016 年 4 月，习近平总书记在安徽考察时强调："当今世界科技革命和产业变革方兴未艾，我们要增强使命感，把创新作为最大政策，奋起直追、迎头赶上。"2020 年 8 月，习近平总书记在安徽考察时殷殷嘱托："安徽要实现弯道超车、跨越发展，在'十四五'时期全国省区市排位中继续往前赶，关键靠创新。"2021 年，安徽经济总量首次站上 4 万亿元台阶，战略性新兴产业产值占全部工业产值的比重提高到 41%。把创新作为引领发展的第一动力，打造具有重要影响力的科技创新策源地，安徽正以科技创新驱动高质量发展。

自 2017 年合肥综合性国家科学中心获批以来，安徽围绕能源、信息、健康、环境四大领域布局的大科学装置数量居全国前列。全省集中力量做好服务保障：集中最优资源，着力提升合肥综合性国家科学中心建设水平，加快建设深空探测实验室等；改革审批模式，项目开工时间较国家整体审批时间提前6个月；投入180亿元，梳理173项重大原创性可产业化成果……2021年11月，国务院办公厅发出通报，对国务院第八次大督查发现的合肥市系统推进综合性国家科学中心建设的典型经验做法给予表扬。截至目前，安徽已建成各类国家级研发平台216家。坚持高水平科技自立自强，加大关键核心技术攻坚力度，安徽省正奋力打造具有重要影响力的科技创新策源地。

依托高能级创新平台，安徽重大原始创新成果竞相涌现："九章二号""祖冲之二号"量子计算原型机问世，全超导托卡马克实现千秒级长脉冲高参数等离子体运行刷新世界纪录，另外还有高性能异构DSP处理器、氢能燃料电池发动机、高刚性高精密减速机等等。科技的自立自强，不仅实现了我国在一些领域的全球并跑、领跑，更为科技成果转化提供了高质量的源头供给。

被称为"人造太阳"的全超导托卡马克装置，助力我国在参与国际热核聚变实验堆计划的各方中，成为科研跑得最快、任务完成得最好的一方；有着"前沿科研眼睛"之称的合肥同步辐射光源，衍生技术"大口径高阈值光栅"落地转化；首台智能4K无线腔镜、首台金刚石量子计算教学仪器、首款国产量子计算机操作系统等源源不断的创新成果，从实验室走入生产车间，从成果走向产品、产业。

"沿途下蛋"，是安徽对重大科技成果提前进入产业化的一种形象比喻。合肥的量子产业，是前沿科技"沿途下蛋"的典型。量子计算被认为可能是下一代信息革命的关键技术。当"量子"

在很多地方还处在概念阶段时，安徽鼓励科研人员在起步初期就将成果转化落地。合肥高新区不足百米的云飞路，聚集了5家量子企业和20多家相关企业，成为国内知名的"量子大道"。

2021年，安徽高新技术企业净增2500多家，总数超过1.1万家。

安徽把"坚持高水平自立自强，加快建设经济强的创新安徽"作为今后5年的奋斗目标，把"坚定不移打造具有重要影响力的科技创新策源地"列为一项主要任务。具体措施如下：

率先颁布实施创新型省份建设促进条例，出台安徽加快建设科技创新攻坚力量体系意见和实施方案。通过顶层设计，强化科技创新的系统观念和创新导向，营造鼓励创造、追求卓越、宽容失败的创新氛围。

创建"人才团队+科技成果+政府扶持+业绩奖励"机制，招引海内外高层次科技人才团队携带成果在安徽领办、创办企业。截至目前，安徽已吸引扶持320个人才团队。

赋予科研人员更大自主权，科研人员享受成果转化收益的比例不低于70%。正是科技成果赋权改革，打通了科技成果转化的堵点，让更多的科技成果推向市场。

实行"揭榜挂帅"科技攻关制度。2021年，安徽省有9个项目被成功揭榜，吸引10个省份、30多家单位参与。其中"超导量子计算超低温微波互连系统"将研制100位至200位超导量子计算机极低温微波信号传输系统。

安徽省科技厅厅长罗平表示，安徽围绕"十大新兴产业"关键核心技术，还将组建更多的体系化、任务型创新联合体，集中力量开展共性关键核心技术攻关。

　　在安徽，科技创新有一个形象的比喻，叫"栽树工程"。抓科技创新，既要有久久为功的韧劲，又要善于选种培植，打造出"乔木"参天、"灌木"茁壮、"苗木"葱郁的创新生态。安徽努力让每一个创新者都能找到承载梦想的土壤，让每一家创新企业都能发展得更好，为"十四五"跨越式发展增添新动能。

徽商回归

近年来，安徽省委、省政府持续推进招引平台建设，高度重视徽商商会、行业协会、产业联盟、重量级展会等平台，持续优化产业生态，积极利用工业互联网对接产业链、供应链、创新链、资金链、人才链等，强化"双招双引"工作的宣传、营销、推广，展现出一个有朝气、有活力、有温度、有诚意的安徽新形象。

一、2021年徽商回归项目资金近千亿元

2021年，安徽省徽商回归项目资金稳速增长。截至2021年底，全省5000万元以上在建徽商回归项目560个，徽商投资额1515.3亿元，实际到位资金883.7亿元，同比增长34.6%。其中，新建亿元以上项目420个，徽商投资额956.5亿元，实际到位资金756.8亿元，占实际到位资金总额的85.6%。新建5亿元以上大项目74个，徽商投资额497.6亿元，实际到位资金354.7亿元。新建5亿元以上大项目主要落地合肥、滁州、六安、芜湖等市，以智能家电、节能环保、高端智能装备制造等"十大新兴产业"为主。

从项目来源地看，在建徽商回归项目主要来源于上海市、江苏省、浙江省、广东省和福建省等地，到位资金总额排序依次为上海市、江苏省、浙江省、广东省和福建省。五省（市）到位资金共774.9亿元，占实际到位资金总额的87.7%。其中福建省徽商回归项目到位资金增幅较大。

从项目落地看，在建徽商回归项目到位资金排名前五的市依次为合肥市、滁州市、蚌埠市、阜阳市和黄山市，5市到位资金共508亿元，占实际到位资金总额的57.5%。其中，黄山市到位资金从去年的25.9亿元增长至83.8亿元，跃居全省第五位，增幅较大。

从产业分布来看，第一、二、三产业到位资金分别为11.6亿元、651.2亿元、220.9亿元。其中，"十大新兴产业"到位资金706.4亿元，占比约为79.9%。全省16个地级市徽商回归项目和到位资金如表26所示。

表26　安徽省16个地级市徽商回归项目和到位资金统计（截至2021年底）

地级市	项目数/个	到位资金/亿元
合肥	109	139.4
芜湖	24	37.3
蚌埠	35	93.3
淮南	11	28.2
马鞍山	3	5
淮北	4	7.7
铜陵	18	22.2
安庆	16	33.1

续　表

地级市	项目数/个	到位资金/亿元
黄山	47	83.8
阜阳	71	89.8
宿州	23	36.6
滁州	69	101.7
六安	65	80.1
宣城	34	71.5
池州	16	15.4
亳州	15	38.6
总计	560	883.7

二、各级徽商组织助力徽商回归

2021年3月11日至12日，安徽省人民政府驻广州办事处、安徽省发改委（省合作办）率广东省企业家代表团赴芜湖和马鞍山考察，深度对接需求，挖掘合作潜力。安徽省人民政府驻广州办事处党组书记、主任郑训练，安徽省发改委党组成员、省合作办主任侯锋平，安徽省人民政府驻广州办事处副主任吴勇，安徽省人民政府驻深圳办事处主任张健带队考察。代表团先后前往芜湖安展蔚然家园、德力西电气（芜湖）有限公司、芜湖县航空小镇等地参观考察。

在3月11日下午举行的座谈会上，芜湖市委常委、常务副市长宁波以及相关市直单位、海螺集团、奇瑞集团等负责人与代表团展开交流。宁波在会上介绍，芜湖产业发展迅速，是长三角G60科创走廊重要成员，正着力打造具有国际竞争力的先进制造业基地，形成汽车及零部件、材料、电子电器、电线电缆四大支柱产业。近年来，芜湖的区位优势逐渐凸显，现代化城市框架逐步拉开，轨道交通、过江隧道加快建设，芜宣机场于2021年一季度通航，首批开通北京、深圳、广州、成都等航线，该项目的建成将使芜湖成为连接国内和全球的一个重要物流枢纽，对芜湖下一步的发展意义重大。在听取芜湖经济社会发展情况介绍后，郑训练表示，芜湖近年来经济高质量发展，营商环境不断优化，创新能力得到明显提升，是广东企业家投资兴业的一方热土。广东的发展特别是粤港澳大湾区建设为芜湖提供了新的战略机遇，希望两地立足产业实际和各自优势，加强信息交流和资源对接，推动更多项目扎实落实，实现合作共赢。

在座谈会上，企业家代表依次介绍各自的企业概况、投资意愿与合作方向，并就产业链延伸和服务配套、投融资对接等内容进行深入交流。张昊在交流过程中介绍了广东省安徽商会的基本情况，他强调，推动安徽和广东两省经济文化交流，尤其是产业对接合作，省商会责无旁贷。但是要把这项工作做实做好，除了要形成定期交流机制外，还要充分发挥商会平台的作用。广东省安徽商会自2020年开始推进徽商国际产业园项目，就是希望在全省各地探索建立产业园，通过政府招商引资和平台资源优势等有利条件，把广东的优质企业吸引过来，在安徽不同地区开展项目投资，推动地方经济和企业发展，实现双赢。

在马鞍山考察期间，代表团一行前往当涂奥克斯智能家电产业园、薛家洼生态园等地考察调研。在座谈会上，马鞍山市市长袁方对广东省企业家一行表示欢迎，并简要介绍了马鞍山的基本情况：当前马鞍山正处于重大战略机遇期、发展爆发期、跨越赶超期，马鞍山紧紧聚焦"1+3+N"产业集群（基地），深入开展"双招双引"，全力推动项目攻坚，产业发展方向与企业家们的投资需求十分契合。他希望双方以此为契机，深化沟通，增进友谊，加强合作，更好地实现共赢发展。广东省安徽商会国际徽商产业园项目组组长郑燕喜汇报了项目工作情况。他介绍，国际徽商产业园主要是发挥穿针引线的作用，为广大徽商回乡创业提供一个可靠的平台。2020年末，广东省安徽商会在滁州天长市落地了国际徽商产业园的第一个项目——智能制造产业园项目，下一步希望在商会的带领下，在安徽各地政府的支持下，通过国际徽商产业园这个平台寻求回归对接的最大公约数，使产能回归、资金回归、总部回归、人才回归，引得进，落得了，把当地的产业做大做强。

此外，还有一些商会也积极助力徽商回归。

宁波市安徽商会会长张彦的激智科技全资子公司安徽激智科技太阳能封装胶膜生产基地于2021年9月29日在六安市经济技术开发区举行奠基仪式，总投资10亿元，受到了社会各界的广泛关注。2021年，宁波市安徽商会接待和协助安徽各级政府赴宁波开展招商引资推介活动30余次。

江门市安徽商会2021年度先后接待6批家乡相关市招商领导，为他们选择考察对象，落实考察路线，协助家乡召开招商引资洽谈会，使会员企业了解家乡的经济发展情况。在商会的积极组织下，先后有20多人回乡考察，有5家企业投资家乡经济建设，投资总额达到8.3亿元。

在宏观经济形势严峻复杂、机遇和挑战并存的大环境下，义乌的广大新徽商勤于应变，善于学习，敢为人先，积极投身到企业转型升级的浪潮中，二次创业创新热情高涨。义乌市安徽商会会员企业总体实力大大提升，有56家会员企业回到安徽投资创业，同时又从安徽引进项目资源等到义乌开设商贸总部，形成了安徽和义乌两地优势互补、资源共享的良好投资创业氛围。

各地安徽商会充分发挥平台作用，促进徽商回乡投资兴业。据不完全统计，2021年，各地安徽商会接待家乡招商部门和组织会员企业回乡考察超100批次。徽商既是家乡经济发展的生力军，又是家乡招商引资的义务宣传员、联络员。徽商"凤还巢"已成为促进安徽经济持续健康发展的重要力量。各级徽商组织和地方政府紧密结合，团结整合国内外数百家徽商组织和数万家徽商企业的资源优势，大力做好政策宣传推介、产业对接、政企沟通、会员服务等工作，广泛凝聚海内外徽商力量，持续引导海内外徽商回安徽投资兴业，推动徽商企业项目在安徽落地，开花结果，不断扩大徽商"朋友圈"，画好徽商"同心圆"，齐心协力共同助推安徽经济高质量发展，谱写新时代美好安徽建设新篇章！

三、2021年多地举办商帮大会

商帮是指以地域为中心，以血缘、乡谊为纽带，以"相亲相助"为宗旨的对区域经济产生重大影响的商人群体。每一个商帮都有共同的价值观，即具有共性的区域文化，他们对助推产业经济发展起着重要作用。

中国商帮，既是波澜壮阔的历史符号，也是社会、政治、经济、民生的真实写照。从古至今，虽然有商帮更迭，但他们用一次次的蜕变，与时代相融合，在中国社会经济转型的节点发挥着重要作用。尤其是现代区域性商帮日益成为支撑中国经济增长的动力引擎，为构建开放型经济新格局，吸引全球投资发挥着重要作用。

商帮的发展有助于贯彻落实供给侧结构性改革、建立新型"亲""清"政商关系、重塑企业家精神等。

2021年，全国多地以省委省政府的名义高规格召开了地区商帮大会，旨在促进地区经济高质量发展，助推"双招双引"。

秦商大会。2021年5月10日，由陕西省人民政府主办，陕西省贸促会、陕西省农业农村厅、西咸新区管委会、陕西省秦商总会共同承办的第十一届全球秦商大会系列活动在陕西西安举行。本届秦商大会以"奋进新时代，融入新格局"为主题，汇聚海内外500多位杰出秦商和优秀商会代表、专家学者参会，大家共同为中国经济的高质量发展建言献策。会上颁发了"全球秦商杰出领军人物""全球秦商高质量发展领军企业""全球秦商优秀商会"等奖项。

吉商大会。2021年9月29日，第六届全球吉商大会在长春召开。会上74个吉商合作项目集中签约，签约额762.31亿元。大会还为吉商突出贡献人物、吉商优秀商会组织、吉商公益示范企业进行了颁奖。

楚商大会。2021年10月22日，由湖北省人民政府主办的第五届楚商大会在武汉东湖国际会议中心召开。来自海内外的楚商代表和各界嘉宾齐聚一堂，以"新楚商新征程，建支点谱新篇"为主题，共襄盛会，共叙乡情，共谋发展。会议表彰并宣传推介了湖北省优秀中国特色社会主义事业建设者和杰出楚商。

浙商大会。2021年10月31日至11月2日，第六届世界浙商大会暨第六届杭州全球企业家论坛在杭州国际博览中心举行。本届论坛以"新经济、新消费、新发展"为主题，旨在促进政企之间展开多方位对话、对接、交流和务实合作。

赣商大会。2021年12月6日，由江西省人民政府主办，江西省商务厅、赣州市人民政府、江西省赣商联合总会共同承办的第三届世界赣商大会在赣州市举行。

贵商大会。2021年12月12日，由全国工商联支持、贵州省人民政府主办的2021全国优强民营企业助推贵州高质量发展大会暨2021年贵商大会在贵阳召开。

还有一些区域性中心城市也开启了商帮大会，如2021年4月9日至10日，由江苏省苏商发展促进会与南京市溧水区人民政府联合主办的2021（第15届）苏商领袖年会在江苏白马农业国际博览中心召开；2021年6月9日，中国·淮安首届淮河华商大会在江苏淮安召开；2021年7月15日，由辽商总会、浙江省辽宁商会、上海市辽宁商会、江苏省辽宁商会联合主办的"风云浙汇，辽领未来"——第二届长三角辽商大会暨风云辽商颁奖盛典在杭州举行；2021年11月1日，第五届全球锡商大会在江苏无锡召开。

商帮的发展不仅是区域经济的催生力量和非公有制经济发展的文化特征，还是互联网经济跨界融合的有力助手，更是以信息技术革命和以高新科技产业为龙头的新经济的特殊要求。商帮的发展在贯彻落实供给侧结构性改革、克服经济下行、建立新型"亲""清"政商关系、重塑企业家精神等方面发挥着独有的作用。因此，商帮的发扬光大，是促进中国经济稳步向前的助推器，也是促进世界经济一体化不可忽视的力量。

四、期待中国国际徽商大会再次开启

随着各地商帮的蓬勃发展，如何推动中国商帮开展融合发展，促进各地商帮之间的交流沟通，为中国民营经济发展进一步作出贡献，已成为各地商帮发展的新命题。

新时代，对于徽商来说，需要围绕"聚合众商帮模范生价值，弘扬新时代企业家精神"这个主题，传承传统商帮精神，创新现代商帮理念；加强交流合作，促进商帮群体融合；共扬张謇精神，共建实业智库，共创百年企业；融合共创商帮的新时代辉煌，助推地区"双招双引"工作，助推中国经济高质量发展。

2022年2月21日，安徽省委办公厅、安徽省人民政府办公厅印发了《关于更好发挥行业协会商会在"三地一区"建设和"双招双引"中作用的意见》，内容包括7个方面28条意见。该文件明确指出安徽省将组建安徽徽商总会，组建完善"十大新兴产业"商协会，鼓励商协会搭建各类产业对接交流平台，推进商协会去行政化、去垄断化，鼓励商协会去单一化，商协会可适度实行"一业多会"。

自2003年举办首届中国徽商大会以来，至2018年与首届世界制造业大会合办，中国国际徽商大会已举办了11届（见表27）。

表 27　历届中国国际徽商大会概况

序号	年份	主办地	主题	主要活动
1	2003	合肥	新时代、新徽商、新安徽	首届中国徽商大会
2	2005	合肥	交流、合作、发展、繁荣	中国国际徽商大会
3	2006	香港	皖港携手、互利共赢	皖港知名企业家对接会
4	2007	合肥	开放、创新、合作、崛起	才智交流区
5	2008	黄山	开放、发展、共赢、和谐	走进徽州
6	2009	合肥	开放、发展、共赢、和谐	第四届中博会
7	2010	合肥	承接转移、创新共赢	皖江城市带承接产业转移示范区推介会
8	2011	合肥	创新合作、共赢发展	中国(合肥)自主创新要素对接会
9	2016	合肥	发展新理念、转型新机遇	16个地级市领导为家乡"站台"
10	2017	合肥	创新发展新理念、"一带一路"新机遇	第十届中博会
11	2018	合肥	创新驱动,制造引领,拥抱世界新工业革命	2018世界制造业大会

今天的安徽，既有发展的"速度"、产业的"深度"、开放的"宽度"，也有创新的"热度"、情感的"温度"，已成厚积薄发、蓄势突破之势，正是一方干事创业的热土，一片成就梦想的福地，为广大徽商和国内外投资者创新创业提供了广阔的舞台，也期待中国国际徽商大会的再次重启。

五、搭建徽商回归的平台

什么是乡愁？是儿时的记忆，还是那些乡音、那些美食、那些地名、那些符号、那些来自同一个籍贯的人？

著名诗人余光中写道：小时候，乡愁是一枚小小的邮票，我在这头，母亲在那头。长大后，乡愁是一张窄窄的船票，我在这头，新娘在那头。后来啊，乡愁是一方矮矮的坟墓，我在外头，母亲在里头。而现在，乡愁是一湾浅浅的海峡，我在这头，大陆在那头。

歌曲《乡愁》中唱道：多少年的追寻，多少次的叩问，乡愁是一碗水，乡愁是一杯酒，乡愁是一朵云，乡愁是一生情。年深外境犹吾境，日久他乡即故乡。游子你可记得土地的芳香，妈妈你可知道儿女的心肠，一碗水，一杯酒，一朵云，一生情。

在外的创业者，为了生存，为了理想和梦想，离开家乡，离开亲人，去耕耘一片陌生，守候一片孤独。商人或游子的这种对家乡的情绪，就是"乡愁"。它不是诗情画意，不是风花雪月，而是一种建立在现实矛盾之上的复杂的感受，是一种难以解决的内心冲突，是一种社会转型期的群体"焦虑"。

遇见商会，可以让这些在外的创业者、打拼者、奋斗者安放乡愁。会员之间的聚会交流、家乡口音或方言对话，会员之间的资源整合对接、共赢合作等都可以让他们不再孤单。

高铁的快速发展缩短了时空的距离，而今他乡是故乡，故乡是他乡，各类商会平台和组织让在外的安徽企业家们把乡愁安放，大家放下思绪，扬帆起航，发扬为民服务孺子牛、创新发展拓荒牛、艰苦奋斗老黄牛的"三牛"精神，做大做强企业，反哺家乡建设。

如今，越来越多在外打拼的安徽企业家回乡投资。近年来，徽商回归项目资金增长显著，投资金额每年都在增长。数字的背后不仅有浓浓的乡情，更多的是对安徽营商环境、产业生态和发展潜力的认可。

长期以来，故乡情怀一直是促使企业家返乡投资的重要因素。不少徽商创业成功后荣归故里，助力家乡产业发展，传为美谈。于是，一些地方在招商引资中主打"情感牌"，但是"情怀式"招商简单有效，却并非长久之计。市场经济背景下，企业投资要讲经济回报，更加看重的是投资项目的发展潜力及其能为企业带来的长远效益。有的地方仅仅因为是家乡企业家的投资，不管项目合不合适、产业链配不配套、政策与服务跟不跟得上，一股脑招来再说，造成项目水土不服，当初的承诺变成空头支票，热衷于家乡发展的企业家蒙受损失，当地招商形象也受到较大影响。

促进返乡投资，一方面要打"情感牌"，更重要的是修炼内功，打好"服务牌"和"产业牌"，在营商环境的优化和产业生态的塑造上下功夫。

打好"服务牌"，就是要当好企业的"服务员"，打造一流营商环境。企业家们的投资首选地一定是营商环境更优、政府服务更高效的地方。对返乡投资的企业家，更要真心做好服务，以"将心比心"的态度、"马上就办"的速度、"办就办好"的力度，让他们感受到"雪中送炭"的温暖、"雨中打伞"的贴心。同时，要把握"亲""清"有度的界线，不能因为"老乡来办厂"就搞旁门左道甚至违纪违规办事，否则既害了自己，也坑了企业。

打好"产业牌"，就是要当好产业布局的"设计师"，注重产业链招商，营造特色鲜明的产业生态。既要谋划好当地的优势产业，形成产业集群，又要围绕产业链上下游来吸引投资，形成"倍增效应"。对返乡投资者的招商，要提前谋划，精心做好产业布局，助力企业高效"入链"，力争让企业来了有钱赚、项目有方向、发展有未来。

"回乡投资，因为看见了更好的未来。""以前回家投资是出于情怀，现在还考虑发展前景和产业布局"……一些安徽籍企业家回乡投资时曾这样感慨。从感性到理性的升华，背后是安徽营商环境和产业生态等"硬实力"的提升。唯有扎实推进"一改两为"，练好发展内功，营造一流环境，才能真正让江淮大地成为徽商的投资宝地。

回家，是每个游子内心深处最厚重的情感。对广大徽商来说，无论是老骥伏枥，还是风华正茂，在征战商海之余，内心深处最忘不了的一定是那条回家的路。有家的地方就有路，有路就能回到家。当年，徽商沿着这条路，从家乡出发，去追寻"星辰大海"；今天，徽商又沿着这条路，回到了魂牵梦绕的家乡；未来，欢迎越来越多的徽商朋友在下一个路口选择回家，在家乡再次成就事业、成就梦想。前行的路，无论多遥远，家乡人民都将一路随行；无论多崎岖，家乡人民都将守望相助；无论多艰辛，家乡人民都将倾心服务。

徽商品牌

　　品牌是一个名称、名词、符号或设计，或者是它们的组合，其目的是识别某个销售者或某群销售者的产品或劳务，并使之同竞争对手的产品和劳务区别开来。品牌是给拥有者带来溢价、产生增值的一种无形的资产，它的载体是用于和其他竞争者的产品或劳务相区分的名称、术语、象征、记号或者设计及其组合，增值的源泉来自消费者心中形成的关于其载体的印象。

一、徽商品牌的过去

　　过去，无数徽商从徽州群山中出发，父带子、兄带弟、亲帮亲、邻帮邻，开始了一次次远行，也开启了一段段故事，一段段足迹遍布天下的经商故事。徽商东进杭州，入上海、苏州、扬州、南京，渗透苏浙全境；他们抢滩芜湖，借助横贯东西的长江商道和淮河两岸，进而入湘、入蜀、入云贵；他们沿河北上，通过大运河往来于京、晋、冀、鲁、豫之间，并远涉西北、东北等地；他们西挺江西，沿东南进闽、粤，有的还以此为跳板，扬帆入海从事海外贸易。在发展的过程中，徽商创造了许多品牌，传承下来的徽商老字号就是最好的见证，如谢裕大、胡庆余堂、同庆楼、胡玉美、胡开文、张一元、胡裕泰、张小泉、吴鲁衡、谢馥春等。这些品牌都是中华老字号，其中的工匠精神、经营理念、品质追求、品牌策略等值得我们学习借鉴，特别是经营理念为品牌的传承奠定了基础。

（一）战略层面

1.传承与创新并重，致力成为百年企业

企业要想永续经营，传承与创新机制非常重要，谢裕大、胡开文、张一元、胡裕泰等一批徽商老字号企业得到了延续发展，得益于徽商的智慧，在战略层面不断传承与创新。如胡开文墨业，清乾隆三十年（1765），墨商胡天柱在休宁创办胡开文墨号一举成功，很快就又在屯溪镇开设一家门市部。晚年胡天柱立下一个重要遗嘱，即将来任何时候，"分家不分店，分店不起桌，起桌要更名"。经过近百年的努力，胡开文墨号到第四代传人胡贞观手中时，他想出了一个办法：后人如要起桌造墨，又要打"胡开文"招牌的话，必须在"胡开文"之后加上"×记"二字，以示区别，休宁老店"苍珮室"商标决不允许其他人使用。这充分反映了胡贞观灵活性和原则性相结合的管理才能，胡氏传人的智慧成功地解决了企业的传续机制问题。再如谢裕大的前身是清光绪元年（1875）古徽州漕溪人谢正安所创的谢裕大茶行，至今已有140多年的历史。谢裕大始终坚持"世代相传，千锤百炼，开拓创新，追求卓越"的质量方针，秉承祖训，稳健发展，实现了六代人、一杯茶的传承。

2.百年家业传承，文化与教育并重

"贾而好儒"是徽商的显著特点。在他们看来，经商只是不得已而为之的一种谋生手段，读书做官，"学而优则仕"才是人生的终极目标。所以，徽商很爱读书，他们有的白天经商，晚上读书，在路途中也是时时不忘读书。爱读书给徽商带来了三个方面的影响：一是提高了徽商的文化素养、文化品位。较高的文化素养、文化品位成为他们与官僚士大夫交往的"黏合剂"，同时也给徽商的商业经营带来了许多便利。二是使得徽商善于从历史上汲取丰富的商业经验和智慧，促进自身商业的发展。三是增强了经商的理性认识，即他们能够以所谓的"儒道经商"，从而形成良好的商业道德，注重文化学习帮助徽商创建了灵活的商业机制。

3.利他思维，诚信赢天下

在思维模式方面，徽商秉承利他思维，拥有利他之心，从骨子里就有一颗为他人着想的心。徽商商训中写道："斯商，不以见利为利，以诚为利；斯业，不以富贵为贵，以和为贵；斯买，不以压价为价，以衡为价；斯卖，不以赚赢为赢，以信为赢；斯货，不以奇货为货，以需为货；斯财，不以敛财为财，以均为财；斯诺，不以应答为答，以真为答；斯贷，不以牟取为贷，以义为贷；斯典，不以情念为念，以正为念。"从徽商商训中我们不难看出，每个经商者都要首先考虑别人的感受。从这些徽州商人身上，我们要懂得反思自己，多为他人着想，全力以赴做好自己该做的事情。

（二）策略层面

1.商业经验的积累和传承

商业经验的积累和传承无疑是徽商文化的重要组成部分。徽商在长期的商业实践中积累了极其丰富的商业经验，他们往往把这些经验付诸文字，以便保存下来，传给后人。如新安惟善堂徽州老典商编写的《典业须知录》《典务必要》《当行杂记》，还有歙县芳坑茶商江耀华所撰的《做茶节略》，以及徽商黄汴的《天下水陆路程》、儋漪子的《天下路程图引》、吴中孚的《商贾便览》、吴日法的《徽商便览》等，均包含了丰富的行商经验。尤其是在沪经商近六十载的徽州人余鲁卿，晚年总结自己毕生经验，写成洋洋五万余言的《经历志略》一书，更是具有较高的文化价值。

2.所有权与经营权分离

对于职业经理人制度，一般都认为起源于美国。1841 年 10 月 15 日，美国马萨诸塞州的铁路发生一起两列客车迎头相撞的事故，社会公众反响强烈，认为铁路企业主没有能力管理好这种现代企业。后在州议会的推动下，政府对企业管理制度进行了改革，选择有管理能力的人来担任企业的管理者，其实质就是所有权和经营权的分离。如果从这一点来说，徽商早就做到了。所以若从徽商来看，职业经理人的出现要比美国早。如歙县大典商许翁，其家族十几代经营典铺，拥有四十多所典铺，遍布江浙，很显然肯定要聘请人管理经营，这实际上就是所有权与经营权的分离；休宁人汪栋，先辈在苏州府平望镇留有一典铺，汪栋因忙于举业，无暇顾及典铺，于是"择贤能者委之"，这位聘请的"贤能者"当然就是经理了；休宁人朱文石"尝客芜阴（芜湖），有族人者丰于财，悉举以托翁（朱文石）而身他去"，朱文石也是经理。

（三）合伙经营，抱团发展

当一个人经商资本不足时，徽商往往就联合几个人合伙经营，这种经营方式早在明代就有了。嘉靖年间，休宁人程锁因经商资本不够，"乃结举宗贤豪者得十人，俱人持三百缗为合从，贾吴兴新市"。显然这就是合资制。合资经商中关于资金的使用、每个人的利益分配都有严格的规定。如果合资经商各人所投资的本金不同，则各人最终所分得的利润也是不同的，这在事先的契约中规定得非常明确，在徽州文书中都有大量例证。

两淮徽州盐商所创立的补贴制度是徽商"以众帮众"的精神体现。明清时期，两淮之盐大多供销湖广口岸，盐商必须通过长江水道将盐运往湖广。长江航运，遇风浪，波涛汹涌，难免有覆舟之虞，一旦罹难，政府还要责其补运，则无不倾家荡产。两淮总商鲍志道鉴此，"建议一商舟溺，则群商攒助，谓之津贴。当事者义之，下其法为令"。

（四）激励制度形式多样

在徽商的经营管理过程中，各类激励制度非常多，其中典型的有以下几种。

1. 小伙制

小伙制是浙江兰溪徽商布店的创新，即允许店员有小伙生意，相当于福利。小伙生意因系店内员工兼职，没有工薪及房租等支出，资金又由店内无息借垫，收入往往接近甚至超过全年工资。另外，布店员工年终还能分到零头布（机头布）十几斤，甚至几十斤。这些办法既不会影响布店的经营，又可提高员工的收入，还不增加自己的经营成本，可谓一举三得。

2.月折制

月折制是徽州典铺每月给员工的一种生活补贴，又称"月酒""火食""伙食""福食"。据学者研究，月折并非给典铺所有员工，而是只给柜友与学生两类员工，并且根据岗位不同，数量有所区别。

3.津贴制

津贴制专指徽州典铺每年从利润中提取一定比例的数额分配给内部职工，根据职位的不同，津贴也有所区别。这实际上是对员工的一种奖励。

4.阳俸

阳俸又称"养俸"，如胡庆余堂的员工，只要不是辞职或被辞退，年老体弱无法工作后，仍发原薪，直到去世。

5.阴俸

阴俸是给员工遗属的，如对有大贡献的雇员，去世后胡庆余堂按其原薪定比例发给其遗属，直到其遗属生活好转为止，相当于抚恤金。

6.劳动股

徽商胡雪岩从赢利中抽出一份特别红利，即劳动股，专门给贡献大的员工。劳动股是永久性的，直到员工去世。

7.正余利制

正余利制即将利润分为正利和余利两个部分。所谓正利，就是在资本所有权和经营权分开的情况下，经营者每年都要按照事先约定的数字向资本所有者支付的利润。所谓余利，就是正利之外的利润。根据不同情况，余利或为经营者所有，或为经营者与资本所有者共同分配。正余利制在清代又叫官利制，两者名异而实同。

总之，徽商为了发展自己的商务，在经营管理过程中充分调动员工的积极性，在战略和策略层面，根据不同的行业、不同的岗位、不同的贡献，在传承与创新、学习与教育、激励与分配等方面创造了各种制度。事实证明，徽商品牌之所以能够得到传承，这些制度起了相当大的作用。

二、徽商品牌的现在

今天，一批徽商品牌领跑行业，成为家喻户晓的品牌，如美的、联想、苏宁、比亚迪、雨润、海螺水泥、古井贡酒、蔚来、江淮、科大讯飞、奇瑞、巴比食品、同庆楼等。

习近平总书记指出："推动中国制造向中国创造转变、中国速度向中国质量转变、中国产品向中国品牌转变。"在"三个转变"指引下，安徽以科技创新为引擎，推动安徽制造向安徽创造转变；以智能制造为抓手，推动安徽速度向安徽质量转变；以品牌建设为牵引，推动安徽产品向安徽品牌转变；牢牢把握高质量发展要求，推动安徽制造业提质扩量增效。

当前，安徽正在强化工业精品理念，打造一批名品、名企、名牌、名园，培育一批工业精品；完善工业互联网平台生态体系，逐步覆盖新兴产业、重点行业全产业链、全价值链等，通过增品种、提品质、创品牌"三品"战略，加快做大产业规模和推动产业转型升级，持续增强优势产业核心竞争力，不断扩大重点产业影响力。

20世纪50年代，马钢、铜陵有色的兴建，筑起了安徽工业的"铜墙铁壁"；60年代，"两淮"煤矿开发，安徽"华东动力之乡"由此成名；70年代，安庆石化、海螺水泥投产，结束安徽没有石油化工的历史；80年代，美菱、荣事达等消费品牌誉满全国，安徽跻身轻工大省；90年代，奇瑞汽车和江淮汽车兴起，成为中国汽车工业自主创新的典范。近年来，安徽一手抓传统产业的脱胎换骨，做好传统产业改造升级，一手抓促成战略性新兴产业异军突起，以京东方、科大讯飞等为代表的高新技术产业蓬勃发展，"铜墙铁壁+芯屏器合+大智移云"成为现象级产业地标，不断见证着"安徽制造"的品牌力量。不仅是产业地标，近年来越来越多的安徽品牌异军突起，以高性价比、高技术含量的产品参与竞争，在海内外收获越来越多的"粉丝"，"安徽产品"正加速向"安徽品牌"华丽转身。

从品质提升到品牌赋能，"精品安徽"工程打造了一批"智能+制造"的标杆企业，有力地提升了皖商、皖企、皖品的知名度及综合竞争力，为所涉品牌打开了全国甚至全球市场，呈现出裂变式的品牌效应。一众安徽企业业绩飙升，备受瞩目，有力地提升了行业地位和品牌影响力，皖企的"金字招牌"更耀眼。安徽制造业在自身发展中不断升级，品牌赋能也催生出一大批全球知名的人工智能、高端智造产品。"安徽智造"名片凸显，成为引领制造强省建设新标杆、产业发展新增量和高质量发展新载体。

2021年8月19日，安徽省人民政府印发《安徽省人民政府关于第五届"安徽省人民政府质量奖"的通报》，授予安徽国元金融控股集团有限责任公司、安徽全柴动力股份有限公司、中建材蚌埠玻璃工业设计研究院有限公司等3家组织和安徽古井贡酒股份有限公司周庆伍第五届"安徽省人民政府质量奖"；授予合肥市第一人民医院、长虹美菱股份有限公司、芜湖中集瑞江汽车有限公司、安徽天柱山旅游发展有限公司、合肥合锻智能制造股份有限公司、安徽省交通规划设计研究总院股份有限公司、金隆铜业有限公司、黄山永新股份有限公司等8家组织和淮北矿业（集团）有限责任公司杨杰、安徽神剑科技股份有限公司裴兵第五届"安徽省人民政府质量奖提名奖"。

三、徽商品牌的未来

随着网络品牌、直播电商的崛起，一批新的徽商品牌正在崛起，如茶叶行业中的小罐茶、艺福堂，徽菜领域中的徽商故里，跨境电商领域中的子不语，会员电商领域中的云集，旅游领域中的驴妈妈，新能源汽车中的蔚来和比亚迪，中式快餐领域中的老乡鸡，等等，它们都在引领徽商品牌发展的未来。

对于徽商品牌的未来，系统打造区域公用品牌、网红品牌、工业品牌都非常重要。

（一）区域公用品牌

区域公用品牌指的是特定区域内相关机构、企业等所共有的，在生产地域范围、品种品质管理、品牌使用许可、品牌营销与传播等方面具有共同诉求与行动，以联合提供区域内外消费者的评价，使区域产品与区域形象共同发展的产品品牌。一般来说，区域公用品牌的形成有两种情形，一是自然沉积形成的区域公用品牌，二是通过营销策划打造的区域公用品牌。

所谓自然沉积形成的区域公用品牌，是指某一县域（或区域）在长期的历史发展中，一种或多种产品或产业由于当地独特的自然条件、人文环境等，形成了明显区别于其他地区的产业优势，在市场上逐渐被消费者认知、认可，时间久了，逐渐形成一种固有的、良好的品牌效应，从而成为大众认可的一种公用品牌。如黄山毛峰、白莲坡贡米、岳西翠兰、怀远石榴、吴山贡鹅等，都属于此类。这类品牌都是以"地名＋产品名"来命名的，在品牌营销的过程中，核心是建立完善品牌保障机制和实现品牌价值再造，通过激励机制开展全员营销，进而让这类品牌的知名度和影响力得到提升。

所谓营销策划打造的公用品牌，是在切实的调研基础上，运用现代科学的营销策划手段，通过一系列品牌策略的制定，以当地一个或多个产业为基础打造出来的公用品牌。如"亳州养生"品牌，其建设的核心内容包括保健按摩、药膳和花草茶三大板块，亳州市致力于依托这三大板块着力培育"亳州养生"品牌，带动更多群众就业，以"亳州养生"品牌带动保健按摩、药膳和花草茶三大行业的品牌输出，构建"亳州养生"品牌孵化、服务、标准、传播和赋能体系。

区域公用品牌在农产品、服务行业应用较多，如在农产品领域有六安白鹅、符离集烧鸡、霍山石斛等，在服务行业领域有皖嫂家政等。

区域公用品牌有其自身的特性。

一是公益性。区域公用品牌不是一个人的品牌，也不是所有人的品牌，而是区域内达到标准的人都可以使用和受益的品牌。区域公用品牌不应该被用来盈利，而是要通过政府出钱，行业协会管理，以品牌带动当地主体企业发展，让当地商户、农民等增收致富。

二是差异性。品牌最重要的价值是独特性与差异性，具有难以复制和不可替代性，这是品牌容易产生市场竞争力和形成品牌溢价的原因所在。

三是规范性。授权区域公用品牌，不能简单地交会费就可以使用。品牌管理是区域公用品牌建设的重要一环，是企业经营时的操作指引，要有标准、有指标、有指导、有保护，必须严肃对待，不能放任不管。

区域公用品牌需要有公司化的品牌运营管理机构来具体落实相关工作，统筹、协调、推进商标注册、品牌授权使用和统一管理，以及节庆活动、传播推广、资源整合、服务平台搭建等事务。

对于政府来说，应与相关部门、行业协会合作，站在战略大局的高度，加强对区域公用品牌的方向把控及动态跟踪，既要保证区域公用品牌发展的方向不偏离轨道，又要严厉打击对区域公用品牌的假冒违法行为，防止不法分子对区域公用品牌商标、标识以及域名等非法占用、抢注等。

对于企业来说，要时时维护区域公用品牌形象，除了不再与当地同行进行恶意价格战之外，还要在产品质量上加强控制，因为区域公用品牌下任何一家企业的产品都与其他企业密切相关，一荣俱荣，一损俱损。

总之，打造区域公用品牌的核心是提高区域公用品牌的团体标准和品质，进而提升品牌影响力，带动区域经济高质量发展，通过区域公用品牌的打造，推动中国制造向中国创造转变、中国速度向中国质量转变、中国产品向中国品牌转变。

（二）网红品牌

网红品牌是随着互联网技术不断发展，大众消费升级的产物。从"最划算"升级到"我喜欢"之后，紧随而来的是对"我喜欢"内容的升级。当然，不可否认的是，这是社交媒体用户从过激消费到理性消费的必经之路。网红品牌一般都具有用户即粉丝、品牌即KOL（"Key Opinion Leader"的简称，指关键意见领袖）、产品即内容、社交货币化四大特征。网红品牌的优势是能够在很短的时间内在微博、微信、抖音以及快手等社交平台上造成刷屏之势，吸引网络上面集聚的用户，带来庞大的流量。

当然，网红品牌如果在品质或系统性、持续性发展方面存在问题，则很可能会被贴上生命周期短、存活率低、质量堪忧、过度包装、虚假宣传、知名度难以出圈、渠道能力弱、供应链弱、创始人"人设营销"、营销胜过产品等标签。

打造网红品牌，对于制造业、人工智能等行业来说，需要直接将企业创始人、CEO红人化、IP化，如李斌与蔚来汽车、刘庆峰与科大讯飞等；对于餐饮行业来说，需要联手各层次KOL，集中投放，如老乡鸡；对于老字号品牌来说，需要不断给品牌IP赋能，如胡玉美的国潮文化等。

（三）工业品牌

2017 年，安徽省经济和信息化厅（简称安徽省经信厅）携手央视平台打造"精品安徽　皖美智造"主题系列宣传片。该宣传片自 2017 年 10 月 18 日开播以来，已有 180 家企业、200 多种优质产品登上央视大舞台，触达用户超过 450 亿人次，实现了宣传"安徽制造"、唱响"安徽品牌"、提升"安徽形象"的有机统一。从技术升级到产品升级，"安徽制造"的品质与形象持续提升。近年来，安徽省大力实施增品种、提品质、创品牌"三品"战略和"皖美智造"行动，围绕时尚、健康、绿色、安全的消费升级特点，每年培育省级新产品 500 个，累计培育"安徽工业精品"838 个。

世界制造业大会永久落户安徽，为徽商在制造业、工业品牌打造方面提供了更好的契机，徽商制造正在不断崛起。2021 年 6 月 22 日，由世界品牌实验室主办的（第十八届）"世界品牌大会"在北京召开，会上发布了 2021 年中国 500 最具价值品牌排行榜，其中有 14 家徽商品牌上榜，分别是苏宁、联想、美的、比亚迪、蔚来、迈瑞、海螺水泥、古井贡酒、阳光电源、奇瑞、江淮汽车、科大讯飞、三只松鼠、洽洽。

2021 年 3 月 14 日，英国品牌评估机构"品牌金融"（Brand Finance）发布了 2021 全球最有价值的 100 个汽车品牌排行榜。共有 22 个中国大陆汽车品牌上榜，其中排名最高的吉利列第 21 位，5 个徽商汽车品牌入选（见表 28）。

表28 "品牌金融"2021全球最有价值的100个汽车品牌中的徽商品牌

序号	品牌名称	排名
1	比亚迪(BYD)	30
2	蔚来(NIO)	56
3	江淮汽车(JAC Motors)	57
4	宋(Song)	72
5	唐(Tang)	100

2021年2月21日，英国品牌评估机构"品牌金融"（Brand Finance）首次发布全球最有价值零售品牌100强排行榜。共有7个中国品牌入选，其中徽商品牌苏宁排名第36位。

徽商文化

盛宏阳在《徽商，一个时代的符号》中写道：

"前世不修，生在徽州。十三四岁，往外一丢……"这是广泛流传于徽州地区的一首民谣，反映了徽商外出学徒、经商的经历。"雨伞挑冷饭，背着甩溜鳅。过山又过岭，一脚到杭州。有生意，就停留，没生意，去苏州。转来转去到上海，求亲求友寻路头。同乡多顾爱，答应肯收留。两个月一过，办得新被头。半来年一过，身命都不愁。逢年过时节，寄钱回徽州。爹娘高兴煞，笑得眼泪流。"到杭州，去苏州，转上海，这是徽商的发迹之路。

古徽州地区位于皖、浙、赣三省交界处，地少人多，外出做生意便成为徽州人的主要选择。为了谋求生计，徽州男子自小背井离乡、外出学徒，学不成不归家，逐渐在商海中立足。

作为中国历史上的三大商帮之一，徽商确立了"财自道生，利缘义取"等商训，构建了科学完善的资本运营体系，在明末清初的商业舞台上扮演着重要角色。

洞悉徽商的发展历程，我们会发现徽商最大的特点是"贾而好儒"。他们善于发挥文化优势，以商助学、以学考官、以官护商，官、学、商三位一体，良性互动。因此，许多徽商家族都是巨贾兼显宦，富豪有文名。徽商大多忧国忧民，热心社会公益，慷慨捐资助学，有社会担当精神。徽商以自己的出色表现，塑造了一代儒商形象。

成功没有捷径，艰难困苦，玉汝于成，被誉为"徽骆驼""绩溪牛"的徽商身上最重要的特质有通权达变、开拓创新、贾而好儒、德行为先、崇文重教、耕读传家等。

20世纪80年代以来，一大批省内外学者致力于徽州文化史料的搜集整理，开展徽商与徽州文化研究，推出了系列重大成果，使源远流长、博大精深的徽州文化发展脉络、灿烂成就和重大贡献广为人知，促进徽学逐步发展成为一门独立学科，在中国特色哲学社会科学体系中占有重要地位。

一、徽商文化的传承

2021年10月19日，以"新时代·新使命·新徽学"为主题的第二届徽学学术大会在安徽省黄山市开幕。安徽省委常委、省委宣传部部长、省社科联主席陶明伦，中国历史研究院副院长杨艳秋，黄山市委书记凌云等出席开幕式。来自全国82所高校和科研院所的专家学者及各界来宾400余人参加了当天的活动。据统计，大会共收到130多所高校及科研院所的论文240余篇，内容涉及经济、文化、基层治理、教育、科学、医学、法治、生态、建筑、人口、文学、艺术、工艺等。徽文化作为中华优秀传统文化的重要组成部分，底蕴深厚、博大精深，是讲好中国故事的生动素材，是展示中华文化的重要标识。站在新的历史起点，通过徽学学术大会的交流与资源共享，将会形成更多有创新、有突破、有影响的研究成果，推动徽学研究不断向前发展。

2021年2月28日上午，黄山市徽文化研究会成立大会暨第一次会员大会在屯溪召开。会议选举产生第一届研究会会长、副会长、理事及会员，表决通过《黄山市徽文化研究会章程》，并举行揭牌仪式。黄山市徽文化研究会的成立旨在立足黄山市，服务安徽文化强省战略，提升安徽文化软实力，助推黄山市徽文化研究与应用、创新与发展、宣传与普及，做活做好"徽文章"，促进地方经济社会发展。

2021年4月9日，由古井贡酒·年份原浆古20独家冠名、新徽商传媒主办的"共赴春天，同话发展"新徽商新春大讲堂在合肥举办。此次活动特别邀请安徽大学原党委书记、安徽省委宣传部原副部长兼安徽省社科院原院长陆勤毅教授和安徽省委党校副校长袁维海教授作为主讲嘉宾出席，并就合肥历史文化与安徽"十四五"发展作精彩报告。数百家知名企业相关负责人齐聚一堂，共同学习，探讨新阶段新发展新机遇。

为活跃校园文化创新创业氛围，让徽商文化与徽商精神更好地在校园传播与传承，促进校企合作，推进产教融合，2021年4月15日下午，"新徽商大讲堂"组织了一批企业家走进安徽绿海商务职业学院开展企业家进校园活动。"新徽商大讲堂"创始人、安徽财经大学新徽商研究中心主任王唤明，安徽郁金香新能源科技有限公司董事长、合肥市新能源行业协会会长李多德，安徽国兰网络科技有限公司董事长杜涛，安徽众邦生物工程有限公司董事长黄自云等应邀参加了此次活动。王唤明作了《徽商文化与徽商精神》专题报告，黄自云结合自身企业发展历程分享了《大学生创新创业意识培育与思考》，与会企业家一行还与学生进行了创新创业方面的互动交流。学院聘请黄自云、杜涛、孔令好为学校大学生创新创业实践导师，聘请王唤明、李多德、刘建河为学院客座教授。

为赋能徽茶品牌，搭建徽茶与徽商文化和平台的资源合作，2021年7月12日下午，"新徽商大讲堂"邀请了安徽国际徽商交流协会秘书长叶青松、安徽经济报社社长马顺生、安徽财经大学新徽商研究中心主任王唤明、合肥晚报专刊部主任李云胜等一行走进安徽省茶业集团有限公司，就徽茶与徽商平台、徽酒、徽烟等品牌合作开展研讨交流。安徽省茶业集团有限公司董事长、安徽省茶业行业协会会长王传友及相关部门负责人参加了此次研讨交流。

2021年11月17日下午，由安徽财经大学新徽商研究中心、安徽经济报社联合主办，安徽刘溪别院承办的第六期徽商智库专家、企业家沙龙在合肥举行。此次活动旨在促进交流合作，搭建资源整合平台，助力行业和企业高质量发展。安徽经济报社社长马顺生、安徽财经大学新徽商研究中心主任王唤明、安徽绿海商务职业学院董事长陈孝云等参加了此次活动。

2021年12月15日至16日，由湖北省文化和旅游厅、安徽省文化和旅游厅、武汉市文化和旅游局、万里茶道联合申报世界文化遗产办公室（简称"万里茶道联合申遗办"）联合主办，中国古迹遗址保护协会、中国建筑设计研究院建筑历史研究所、黄山市文化和旅游局、祁门县人民政府承办的万里茶道世界文化遗产价值和申遗策略研讨会暨申遗工作推进会在北京和安徽祁门采用线上+线下的方式召开。在推进会上，万里茶道联合申遗办宣布安徽成为万里茶道联合申遗的第9个省份，黄山市祁门县跻身中国万里茶道申遗之列，原有的8省29市，升格为9省30市，实锤落地，举世瞩目。

2021年12月16日下午，徽商智库第七期沙龙活动在安徽省茶业集团有限公司会议室举行。与会人员聚焦徽商、徽烟、徽酒、徽茶、徽文化，就安徽烟酒茶的融合与跨界发展展开研讨。安徽省茶业集团有限公司董事长、安徽省茶叶行业协会会长王传友，安徽经济报社社长马顺生，安徽财经大学新徽商研究中心主任王唤明，安徽国际徽商交流协会副秘书长姚伟等参加了此次研讨会。

二、徽商家族的传承

徽商又称为"新安商人"，俗称"徽帮"。电视剧《新安家族》以徽商中的代表汪、许、鲍三大家族为争取民族自强而与外国列强资本展开殊死较量为主要线索，再现了20世纪初期中国政治、经济形势的风云变幻，同时，通过三代徽商的坎坷与辉煌的悲壮历程，再现了古徽州的经商济世文化。

古徽州地区存在诸多的徽商家族。据不完全统计，古徽州地区有54个影响力较大的家族，其中主要的有程氏家族、汪氏家族、吴氏家族、胡氏家族、王氏家族、李氏家族、方氏家族、曹氏家族、鲍氏家族、许氏家族、谢氏家族等，每个家族都有自己的家谱、家规、宗庙和义地。其中的绩溪龙川胡氏家族，至今已有1600多年的历史。一批徽商老字号至今依旧辉煌，如谢裕大茶叶、张小泉剪刀、胡玉美酱、张一元茶庄、胡开文墨业、胡庆余堂等。这些徽商家族、徽商老字号传承与发展的经验值得借鉴，对于今天的家族企业代际传承具有实际意义。

1.徽商资本的筹集

日本学者藤井宏总结出徽商资本形成有七种类型：劳动资本（白手起家积累）、遗产资本、婚姻资本、官僚资本、援助资本（一个家族内的互相援助）、共同资本（一个家族内各个家庭的合伙制）和委托资本。其中，作为主要筹资方式的遗产资本、婚姻资本、援助资本、共同资本完全是家族式筹资形成；而官僚资本，即用做官赚的钱从事商业活动；委托资本，主要也是在家族内筹资。这种家族内筹资的方式，靠家族内的血缘关系来维持，并保证诚信。

2.文化与教育并重

百年家业的传承，没有文化和家风是难以延续的。徽商大多爱读书，争做"儒商"，这不仅提高了徽商的文化素养、文化品位，而且较高的文化素养、文化品位又成为他们与官僚士大夫交往的"黏合剂"，给徽商的商业经营带来了许多便利。与此同时，读书使得徽商善于从历史中汲取丰富的商业经验和智慧，增强了经商的理性认识，"儒道经商、贾行天下"，从而形成良好的商业道德，促进自身商业的发展。如徽商老字号胡源泰，其创始人胡允源颁布了一道家族训诫：只有考上了秀才的胡家人才有进入茶庄做生意的资格。在祖辈的鞭笞下，胡家的三个孙子励精图治、奋发图强，最终都考中了清末秀才，胡允源"读书经商求生存"的训诫，为胡家茶庄的发展和家族传承奠定了坚实的基础。

一个家族的传承要依靠经济实力、政治地位和文化传统，而不是像贵族一样依靠继承。徽商认为用钱买的官并没有地位，只有通过科举考试，金榜题名入仕，才有社会地位；只有靠文化才能维系家族传统的传承，因此，徽商极为重视教育。

3.徽商的经营管理特色

徽商的经营管理特色可以说是由家族文化决定的，这种经营管理特色促进了徽商家族的传承。

一是借助家族势力建立商业垄断。商业垄断是过去各商帮获取利润的主要手段。徽商一方面借助家族势力控制某一城镇或地区的全部贸易，如婺源商人程栋最早进入汉口，之后其族人逐渐进入汉口，形成程氏家族对汉口商业的垄断；黟县商人朱承训在江西吴城，徽商许孟洁在正阳镇，都是借助家族势力建立了垄断地位。另一方面借助家族势力控制一个行业，如过去在各地的典当业几乎由休宁各个家族的人控制。据记载，在康熙年间至乾隆年间的一百多年里，江南地区的木材业几乎被徽商垄断，徽州木商在杭州势力更为强大，成立了徽商木业公所，处理木业相关事宜；清代乾隆末年，中外贸易出现巨额顺差，在出口的商品中，由徽商垄断经营的绿茶位居第一。

二是借助家族势力展开合作。合作分为两种方式：第一种是家族内部或不同家族之间的合作。徽商从事长途贩运贸易时，需要及时掌握市场的瞬息变化，于是他们借助家族关系收集信息。徽商极为重视修族谱，修建宗祠，以此获得商业信息和对他们有帮助的宗亲网络；同时不同家族之间进行联姻，密切的家族关系和各家族之间的联姻为徽商贸易中的运输、仓储、采购、销售提供了便利条件，从而降低了成本。"花花轿子人抬人"，家族势力为徽商之间互相帮助提供了可靠的平台。第二种是官商之间的合作。官商合作通过三种形式实现：其一，一个家族中既有当官者，又有从商者，如徽商中的程氏，先祖程元潭即为东晋初年新安太守，之后家族又有许多为官者；其二，以家族之力培养家族中有能力而贫穷的子弟读书、入仕，再为整个家族服务，这也是徽商重视教育的重要原因之一；其三，联姻，徽商十分注重门第，一些大商人和时任官僚之间的姻亲例子比比皆是，徽商视政商联姻为攀附官员的重要方式，千方百计寻求与官员或者皇亲国戚联姻的机会。通过联姻，徽商与皇权官僚阶级建立了利益捆绑关系，徽商可依托官员的势力进一步扩大商业版图，并持续巩固商业地位。

三是借助家族的宗法家规实行内部管理。徽商侧重"用亲不用乡"，强调所用之人一定是本家族的人，依靠宗法宗规实行内部管理。借助家族关系进行管理，有利于加强内部的相互信任，为徽商家族传承奠定了基础。

4.徽商背后的女人

徽州女人有着清秀的面庞、勤劳节俭的美德和独立的性格，她们恪守孝道、赡养公婆、相夫教子、忍辱负重。除此之外，徽州女人对丈夫和家族都保持着坚毅的忠贞，徽州地区许多贞节牌坊就是见证。

女性在家族文化传承中发挥着不可或缺的作用，她们在家族发展中积极分担与贡献，重视家族传承；在家族文化中做好关系和谐的使者，成为家庭幸福的纽带；在家族后代培养中不断探索与成长，有自己的家风家教之道；在家族传承中重视自我成长与提升，不断精进向上。

在这样的家教之下培出来的徽商，从骨子里就不一样。如歙县棠樾村的鲍氏家族，鲍家历代多高官、富商，还有既当官又经商的，而且是盐商，鲍氏家族既富有又显荣，这背后当然离不开家族女性的默默付出。据记载，鲍家历代所出的"贞节烈女"多达59人（牌坊群中有2座贞节牌坊）。因此，鲍氏二十四世祖鲍启运为了感谢和纪念家族女性作出的贡献，花巨资建造了清懿堂。清懿堂占地面积800多平方米，面阔近17米，进深近50米，三进院落，五开间，祠堂内依次是门厅、主厅、寝堂与享堂，整座建筑以高低错落的马头墙外观为主要特色，只有后进部位为歇山顶式楼阁，双天井设计既可以保证祠堂内部的采光、通风，又有"妇女能顶半边天"的深意。

总之，徽商家族的成功，其核心在于重视教育、家风和文化的传承及其独特的经营管理思想。善于经商的徽商，通过读书或者前人的言传身教，贾道而行，"学而优则仕"，以此保持家族和群体的长盛不衰，基业长青。

徽商公益

2021年，无论是在新冠肺炎疫情、自然灾害面前，还是在乡村振兴方面，徽商组织、徽商企业都积极响应，弘扬徽商精神，助力疫情防控、家园重建和乡村振兴。各地徽商在积极发展企业的同时，不忘回馈社会，投身公益事业，将徽商精神发扬光大！

一、徽商与疫情防控

湖北省安徽商会慈善专委会在常态化疫情防控中发挥慈善带头作用，2021年7月2日至23日，累计向利川市慈善总会、沙洋县红十字会、华中科技大学、长江建投集团（武汉）城市建设有限公司等机构和企业，捐赠总价值385万元的医用外科口罩。

在南京、扬州等地暴发新冠肺炎疫情期间，江苏省安徽商会各会员企业，如苏宁环球、雨润集团、丰盛集团、金箔集团、扬州桩基、国兴集团、埔义置业集团、南京城南医院等，或捐款捐物，或组织志愿者队伍支援疫情防控工作，或结合企业自身业态参与疫情防控，为南京、扬州等城市在最短时间内打赢疫情防控阻击战作出了重要贡献。江苏徽商捐赠抗疫物资超1亿元。

2021年9月5日，《民政部关于表彰第十一届"中华慈善奖"获得者的决定》正式发布，授予182个爱心个人、爱心团队、捐赠企业、慈善项目和慈善信托第十一届"中华慈善奖"。其中，在脱贫攻坚等慈善领域作出突出贡献的表彰名单共130个，在抗击新冠肺炎疫情慈善领域作出突出贡献的表彰名单共52个。在脱贫攻坚等慈善领域作出突出贡献的表彰名单中，安徽省南翔贸易（集团）有限公司董事长、徽商余渐富获得"慈善楷模"称号，美的控股有限公司入选"捐赠企业"，苏宁控股集团有限公司的苏宁助力乡村振兴慈善行动、安徽省龙成生态农业有限公司的油茶产业精准扶贫项目入选"慈善项目和慈善信托"。在抗击新冠肺炎疫情慈善领域作出突出贡献的表彰名单中，美的集团股份有限公司入选"捐赠企业"。

2021年，广大徽商面对严峻的疫情形式，迸发了强烈的家国情怀，无私地贡献了自己的力量，为推进经济社会的发展作出了积极的贡献，受到了各级政府和社会各界的广泛好评。

二、徽商与抗洪救灾

2021年7月，河南的强降雨天气导致多地内涝严重，众多徽商企业大力援助，相继为河南捐赠援救物资和资金。

2021年7月21日，从科大讯飞合肥总部园区驶出了10辆货车，车上装满了食品、矿泉水、消毒液、抽水泵等急需的生活物资和应急救援设备，此行目的地是河南。

2021年7月21日，比亚迪慈善基金会向郑州慈善总会捐款2000万元，用于救灾紧急举措和灾后恢复工作。此外，比亚迪汽车开启车主紧急救援服务通道，并开放郑州市所有4S店作为应急避难场所，附近市民可就近进店寻求援助。

2021年7月21日，为支持河南抗灾、救灾，蔚来公司捐款1500万元。

2021年7月21日，联想集团宣布，向河南灾区捐款5000万元，同时集结500名专业IT服务工程师成立联想IT服务救援队驰援河南。救援队将在有关部门的指挥下，协助保障河南灾区各机关单位、医疗卫生机构和应急管理部门的IT设施正常运转，为灾区提供IT设备修复、救灾呼叫中心部署、数据中心恢复服务等相关IT专业服务。

河南洪灾发生后，迈瑞医疗高度关注河南受灾区域医疗设备运转状况，迈瑞医疗郑州分公司用户服务团队紧急动员，第一时间为受影响医院提供服务支持。董事长李西廷还于2021年7月21日捐款1000万元给河南省慈善总会，用于其紧急发起的"防汛抗洪驰援河南"慈善项目。

2021年7月21日，老乡鸡创始人、董事长束从轩向郑州慈善总会捐款300万元，另有价值200万元的米、面、水等生活物资。

2021年7月21日，苏宁易购家乐福从郑州周边城市以及武汉大仓紧急调运方便面、瓶装水、生鲜蔬果等生活物资前往郑州。同时，郑州家乐福花园店保持正常营业，以此来保障和满足当地居民对生活物资的需求。苏宁易购物流同步面向政府、企事业单位、慈善基金组织免费开放郑州苏宁物流基地以及河南全省10余个转运中心，承接各类救援物资的仓储服务。苏宁易购物流还不断组织郑州及周边地区的运输车队和配送力量，响应政府要求，全力投入抢险救灾和物资配送中。河南省内的苏宁易购家乐福、苏宁易购电器店、苏宁易购生活广场、苏宁小店等有条件对外开放的苏宁门店，为当地市民提供汛情避险场所，并提供热水及充电服务。此外，苏宁公益平台紧急联合爱德基金会上线捐赠项目，汇聚爱心网友力量，驰援河南。

2021年7月22日，奇瑞控股集团捐出3500万元驰援河南。其中，2000万元现金用于河南灾后救援各项工作，另1500万元专项资金用于奇瑞控股集团旗下各品牌用户受损车辆的救援和维修服务。

2021年7月22日，正威国际集团向河南省慈善总会捐款1000万元人民币。同时，集团还紧急采购了药品、救生衣、矿泉水、速食饼干、方便面等大批救灾物资驰援灾区。

2021年7月23日，国轩高科通过安徽国轩慈善基金会向郑州市红十字会捐款1000万元，其中，现金捐款为500万元，用于抗洪救灾和灾后重建工作；另外500万元专项资金，为当地搭载国轩电池的受损新能源汽车提供电池免费维修和更换服务。

义乌市安徽商会会员企业心系灾区，自发组织捐款捐物，积极响应义乌市委市政府于2021年9月5日至15日在全市开展的"慈善一日捐"活动，向河南省、厦门市相关部门及义乌市慈善总会共计捐款捐物170万元。

2021年5月22日，青海果洛藏族自治州玛多县发生7.4级地震，给当地农牧民群众的生命财产安全造成了极大损害。青海省阜阳商会迅速行动，组织会员捐助药品、器材共计888222元，交由青海省药品监督管理局及时调配发往地震灾区。

三、徽商与乡村振兴

2021 年 1 月 18 日上午，正威集团金寨 5G 新材料产业园投产暨脱贫攻坚和乡村振兴帮扶资金捐赠仪式在安徽省六安市金寨现代产业园举行，正威集团副主席巫冠逸代表集团向金寨县捐赠帮扶资金 1 亿元。

2021 年 1 月 25 日，烟台市安徽商会积极响应当地政府号召，结对帮扶栖霞市苏家店镇大蔡家村。商会结合村庄实际情况，制定出详细实施方案，在给村内困难家庭送去温暖的同时，积极帮助他们拓展商品销路，使村庄得到了经济实惠，商会赢得了农民的赞誉。

2021 年 5 月 18 日至 19 日，为贯彻国家乡村振兴战略，实现徽商回报家乡的愿望，应阜南县委县政府邀请，湖北省安徽商会会长马占军率领在鄂优秀徽商企业家和华中农业大学科创团队赴阜南考察交流，签订有关战略协议，设立产学研基地，为阜南乡村振兴献计献策。

2021 年 7 月 7 日上午，科大讯飞股份有限公司董事长刘庆峰、安徽农业大学茶树生物学与资源利用国家重点实验室主任宛晓春一行前往泾县开展乡村振兴捐赠仪式并签订合作协议，科大讯飞股份有限公司向泾县捐赠 1000 万元，用于乡村振兴发展。

走向世界的徽商

在徽商发展历程中，明清时期徽商就走向了世界。随着商业版图的扩大，徽州人已经不满足于在中国之内发展自己的商业了，他们开始拓展自己的活动空间，发展起海外贸易。

明清时期，尤其是鸦片战争以前，广州是国内唯一的通商口岸，徽州商人远赴广东，大多和贩售茶叶有关。其实，早在明代，徽州民间就有了"走广"的习惯，及至清代，"漂广东、发洋财"成了众多徽州商人的首选之业。当时的徽州流传着这样一种说法："发洋财就好比去河滩拾鹅卵石那么容易。"五口通商以后，上海正式开埠，并取代广州，一跃成为国内最大的贸易口岸，徽州商人利用新安江的水运之便，纷纷进军沪上。徽州茶商不仅活跃在国内各大市场，茶文化的"东学西渐"更是对当时欧美产生了重大影响，英国工业革命、中英鸦片战争乃至美国独立运动等无一不与茶叶贸易息息相关，而在出口的中国茶叶中，以徽州和福建武夷山两地的茶叶为最。茶叶改变了世界，其中，徽州茶商占有重要的一席之地。《天下徽商》纪录片《漂广东、发洋财》一集，主要介绍了明清时期徽州詹氏家族、芳坑江氏家族等茶商世家，着力表现徽商在古代"海上丝绸之路"中所付出的艰辛和努力。徽州茶商不仅活跃在国内各大市场，茶文化的"东学西渐"更是对世界产生了重大影响。

截至 2021 年底，各类海外徽商组织共计 26 家。在海外，除了各类徽商组织，还有一些同乡会、侨胞联谊站等平台。各类组织和平台的成立彰显了徽商在世界经济和文化舞台中的作用，它们在世界的舞台上弘扬徽商文化，传承徽商精神。

一、徽商与"一带一路"

2013 年，习近平总书记在出访中亚、东南亚国家期间，先后提出共建"丝绸之路经济带"和"21 世纪海上丝绸之路"（简称"一带一路"）的重大倡议，得到国际社会高度关注。推进"一带一路"建设既是中国扩大和深化对外开放的需要，也是加强和亚欧非及世界各国互利合作的需要，中国愿意在力所能及的范围内承担更多责任义务，为人类和平发展作出更大的贡献。"一带一路"是促进共同发展、实现共同繁荣的合作共赢之路，是增进理解信任、加强全方位交流的和平友谊之路。

在"一带一路"建设过程中，徽商的身影随处可见。截至 2021 年底，合肥中欧班列开行已超过 2000 列，为徽商货物"走出去"搭建了很好的快速通道。

据合肥海关统计，2021 年，安徽省对"一带一路"沿线国家进出口 1790.1 亿元，比上年同期增长 36%，占同期安徽省进出口总值的 25.9%。2021 年 12 月，安徽省对"一带一路"沿线国家进出口 185.2 亿元，增长 47.4%。

据合肥海关分析，2021 年安徽省对"一带一路"沿线国家进出口主要特点有：以一般贸易方式进出口 1406.3 亿元，增长 39%，占同期安徽省对"一带一路"沿线国家进出口总值的 78.6%，加工贸易增长 8.5%，保税物流增长 10.1%；民营企业进出口 1024.9 亿元，增长 36.9%，占比 57.3%，国企增长 48.1%，外企增长 20.9%；印度、越南和印度尼西亚为前三大贸易伙伴，合计占比 29.3%，对印度增长 65.4%；出口机电产品 801 亿元，增长 35.1%，占同期安徽省对"一带一路"沿线国家出口值的 62.3%；进口高新技术产品 134.6 亿元，增长 76.5%，占同期安徽省对"一带一路"沿线国家进口值的 26.7%。

"一带一路"是一个国际经济合作平台，也是一个发展平台。"贸易往来不断扩大，增长引擎动力增强，投资合作持续深化，重大项目释放带动效应更加突显。"安徽省商务厅相关负责人表示，"一带一路"经贸合作将在探索中前进，在创新中发展，在互惠中成长。为了让安徽企业更多地参与"一带一路"建设，安徽商务部门正在谋划打造一个"走出去"的专项的一站式审批平台，给予企业更好的政务服务。安徽海螺集团积极响应国家"一带一路"倡议，已在印度尼西亚、缅甸、老挝等多个国家落实发展项目，累计对外投资超 100 亿元，在海外市场已形成 5000 万吨水泥产能。

近年来，安徽省出台了支持企业"走出去"开展跨国经营等一系列政策措施，引导各类市场主体参与国际分工合作。目前，全省累计在境外设立企业（机构）861 家，遍及 137 个国家和地区。其中，奇瑞汽车、江淮汽车在巴西、俄罗斯、巴基斯坦等国的汽车生产，合力叉车在法国的欧洲中心，安徽农垦集团在津巴布韦的农业开发等一大批合作项目扎实推进，得到了项目所在国政府和民众的广泛好评。安徽建工集团、安徽外经建设集团连续多年位列中国对外承包工程100强企业。比亚迪、联想、美的等徽商企业的国际化程度也非常高，它们纷纷基于世界经济的格局来布局生产和营销。

在徽商参与"一带一路"建设的过程中，徽商文化起到了重要作用。徽商文化中开放进取、以众帮众的发展理念和"一带一路"建设所倡导的文化内涵及核心理念具有一致性，徽商"诚信为本"的商业精神向世界传递了徽商的包容以及与世界各国企业合作的诚意，徽商"敢涉险滩"的创业精神鼓励徽商走向世界。

二、徽商走向世界的路径

1.草根型——创业徽商传帮带

位于歙县郑村镇的槐塘村，号称皖南第一"华侨村"、安徽"欧元村"，他们的"走出去"就是草根型的代表，他们通过传帮带的模式走出国门，走向世界。

改革开放之初，贫穷的槐塘人抢占先机，以徽商敢闯天下的精神，背着包袱和雨伞，沿着古丝绸之路前行，赤手空拳地开始闯荡欧洲。提起槐塘村的出国潮，不得不提郑朝荣和胡克毓这两个名字。郑朝荣是村里最早出国的，他的爷爷在第二次世界大战时去意大利做劳工，战争结束后就留在了欧洲。1971年，郑朝荣的爷爷去世后，他就出国去"继承遗产"。据陆续传回来的消息，当时郑朝荣在意大利坐拥惊人财富："整整一座葡萄山都是他家的，这身家在意大利也能排上前十。"另一个传奇人物叫胡克毓。1978年的一天，胡克毓看到了一条南斯拉夫总统访华的新闻，就心血来潮去南斯拉夫驻中国大使馆办了签证，抵达南斯拉夫后又到了荷兰。胡克毓白手起家，在国外开中餐馆，成了槐塘村第一个自己跑去欧洲打工并发家致富的村民。

槐塘村1000多人口里就有600多人长期在欧洲各国打工、经商，足迹遍布意大利、荷兰、法国、英国、德国和西班牙等国。每年务工经商收入数千万元，主要从事皮革、餐饮、服装等行业。与古徽商一样，这些人在外经商致富后，开启了返乡投资创业潮。近几年来槐塘商人返乡在本地的投资大概有10亿元，兴办了旅游、餐饮、制造等企业30余家。他们中许多人已是第二代华侨，作为新一代徽商，他们弘扬徽商文化，传承徽商精神，正在续写徽商海外的辉煌。

2. 赞助型——徽商品牌走向世界

徽商企业古井贡酒的品牌国际化之路主要是通过赞助模式来实现的，公司围绕"中国酿，世界香"来提升徽商品牌形象。

2014年伊始，古井贡酒开启"中国酒文化全球巡礼"活动，先后走进美国、法国、意大利等国家，亮相联合国总部，见证了两大世界烈酒产区中国亳州市与法国干邑市缔结友好城市。

2017年，古井贡酒·年份原浆系列产品成为上海合作组织秘书处指定用酒，连续亮相上合盛会，并作为2018年上海合作组织工商论坛官方合作伙伴，向世界展示中国人的审美情感、表达方式和白酒文明。

2018年，古井贡酒·年份原浆系列产品经首届联合国世界地理信息大会秘书处严格甄选，成为本次峰会主要合作伙伴和指定用酒，精彩亮相展商招待会，欢迎全球贵宾。

2019年，古井贡酒·年份原浆继成为2012韩国丽水世博会、

2015 意大利米兰世博会、2017 阿斯塔纳世博会中国馆指定用酒后，再度成为 2020 迪拜世博会中国馆指定用酒。

2021 年，古井贡酒成为 2021 年"一带一路"贸易投资论坛战略合作伙伴，古井贡酒·年份原浆（古 20）成为论坛官方指定用酒，助力共建"一带一路"。

3. 并购型——徽商科创走向世界

海外并购是制造业企业实现从传统制造向技术领先型、引导型转型升级的重要渠道。徽商企业抢抓海外并购的新机遇，带动品牌和技术提升，实现率先"走出去"。通过海外并购，近几年，徽商企业中鼎控股（集团）有限公司（简称"中鼎"）先后将美国库伯、美国 Precix、德国 KACO、德国 WEGU、瑞士电动汽车供应商 GreenMotion 等收入旗下。中鼎充分利用"两个市场、两种资源"，通过海外并购配置全球资源，在极短时间内搭建了全球化研发生产服务体系，逐渐成为一家集生产、销售、研发和服务于一体的全球化公司。

实施"走出去"的发展战略，转变了中鼎的生产发展方式，推动中鼎的综合实力、销售收入不断提升，经营领域从单纯的汽车密封件生产销售，扩大到汽车橡胶零组件，航空航天、石油、天然气高端密封产品，新能源汽车行业，智能制造，高精度密封等领域。通过全球生产、全球销售、全球研发，中鼎抢占了世界市场。

4. 投资型——徽商资本走向世界

许多徽商企业通过海外投资走向世界，如安徽省农垦集团津巴布韦农产品加工经济贸易合作区、安徽省外经建设（集团）有限公司莫桑比克贝拉经贸合作区、安徽丰原集团在泰国投资成立阳光国际生物有限公司、奇瑞汽车在巴西投资建设汽车工业园等。安徽海螺集团从2011年在印度尼西亚南加建设第一个项目起，在印度尼西亚、缅甸、柬埔寨等国投资的项目已相继投产，在乌兹别克斯坦、巴基斯坦、泰国、格鲁吉亚、俄罗斯等国投资的水泥和型材等项目先后落地。通过海外投资，徽商全球化形象得到了提升，越来越多的徽商企业正在走向世界的舞台。

5.市场型——徽商抢占世界市场

开行超过2000列的合肥中欧班列，让徽商产品不断走向世界市场。安凯客车、江淮汽车、比亚迪电动车、安徽制造的家电产品等已遍及全球各地，抢占世界市场；徽商企业境外投资合作目的地已扩展超过150个国家和地区，开拓了欧美等发达国家市场和印尼、巴西、伊朗等发展中国家市场；徽商通过不同的形式走向世界，实施了一批境外收购和国际产能合作项目，设立了一批海外研发中心，抢占了世界市场份额。徽商正在精心设计谋划推进"一带一路"建设的"工笔画"，让"徽商制造"阔步走向世界。徽商企业美的、比亚迪、联想、奇瑞等常年上榜中国企业海外形象20强。

三、徽商走向世界高质量发展的对策

1.政策沟通提升"走出去"互通"根系"

做好顶层设计，是进行精准施策的前提。政府应谋划安排好合作年度工作计划以及徽商企业"走出去"中长期发展规划，完善徽商企业"走出去"各项政策，梳理、分解合作各阶段工作重点，明确各自职责，充分发挥各自优势、特点、需求及可能，维护经济金融稳定，确保产业链、供应链畅通，为企业"走出去"创造条件和机遇。与此同时，强化海外各类徽商组织建设，搭建服务平台和桥梁。

2.设施联通提升"走出去"经贸"血脉"

加强优势产业合作。徽商企业门类齐全、市场规模巨大，应把徽商优势产能同世界其他国家发展需求、关键技术、"走出去"市场模式三者结合起来，主动对接产业及科技创新资源，发挥制度创新优势，积极嵌入我国创新网络体系。要整合海外市场企业主体、行业协会、社会组织、专业机构等，积极参与贸易和投资领域，开展多边合作，推动海外国家创新成果在徽商企业实现规模化、智能化、现代化生产，在安徽积极谋划打造一流国家跨境产业合作示范区。

3.贸易畅通提升"走出去"产业"经络"

政府应该在中国与其他国家合作机制下鼓励徽商企业"走出去"，争取在更大范围、更深层次促进徽商在商品、资金、技术、服务和人员等方面实现自由流动，积极发挥安徽与其他国家地方省州长联合会机制作用及各类海外博览会等平台作用，提高徽商企业和产品在国际市场的知名度。

4.资金融通提升"走出去"平台"引擎"

系统梳理和完善各类合作制度和政策，积极争取国家对合作中心枢纽建设给予先行先试的相关政策，争取投资贸易便利化措施、税收优惠、金融支持、人才引进等政策优势。积极推动安徽与主要世界市场地方友好交往，促进地市之间对接友好，努力打造地方合作新亮点，加快推进徽商与他们在科技、教育、文化、体育、区块链、数字金融、云网融合、网络安全、数据治理等方面的经贸合作产业园建设，重点在航运物流、跨境电子商务、金融服务、产能对接、制造业创新、教育人文交流等六大领域提供资金融通服务，实现中央和地方"双轮驱动"，成为贸易畅通"政策高地"。

5.民心相通提升"走出去"人文"灵魂"

习近平总书记指出："世界历史发展告诉我们，人类文明进步历程从来没有平坦的大道可走。"身处挑战和希望并存的时代，徽商"走出去"必须秉持民心相通人类命运共同体理念，顺应生产力发展客观要求，把握变革机遇，合作应对挑战，利用网上平台开展教育、科技、文化等方面的交流，提升友好城市合作水平，形成安徽与其他国家友好城市常态化机制，引导友好城市文化和人员交流朝着更加开放、包容、普惠、平衡、共赢方向发展；加强健康丝绸之路、绿色丝绸之路、数字丝绸之路建设，有力支持全球抗疫合作，有力促进后疫情时代低碳、包容性经济增长，推动安徽与其他国家地区合作在更大范围、更大空间，实现更快发展。

总之，无论是"一带一路"建设还是面向世界，徽商都在用行动向世界证明，不断用观念创新、思维创新、路径创新等方式去铸造徽商品牌，从"天下徽商"走向"徽商天下"。

附　录

一、2021年新成立的徽商组织

1.武威市安徽商会。2021年1月8日，武威市安徽商会第一次代表会议暨成立大会召开。尹飞当选为会长。武威市副市长杨德智出席会议并为武威市安徽商会授牌。武威市安徽商会的成立，将广泛联系在武威投资的安徽企业，加强信息交流，引进资金、技术、人才，加大武威在安徽招商引资的力度，为武威市经济发展牵线搭桥，助推武威高质量发展。据不完全统计，安徽籍人士在武威各县区的企业有上百家之多，人数有3000多人，从事的行业涉及建筑、服装、石材陶瓷、装饰装潢、机电设备、通信电子、医药及医疗器械、酒店餐饮服务、商贸、酒业、种植养殖等，对武威市经济发展起到了很好的推动作用。

2.义乌市滁州商会。2021年3月11日，义乌市滁州商会选举成立大会暨第一届第一次理事会在义乌博览皇冠假日酒店召开。李兵当选为会长。大会由义乌市工商联副主席楼正葆主持，滁州市工商联副主席胡大林、义乌民政局社会组织科科长邱斐远、义乌工商联会员服务中心主任王怡等参加会议。

3.无锡市滨湖区广德商会成立。2021年3月27日，无锡市滨湖区广德商会成立大会在无锡市运河公园举行。徐衡当选为会长。会上，广德市人大常委会主任、市委政法委书记李军在讲话中指出，各位企业家们虽身在无锡却心系家乡建设，不遗余力地推动招商引资，千方百计地促成项目合作，为广德市的经济社会发展作出了卓越贡献，无锡市滨湖区广德商会的成立，一定能把锡商的形象、锡商的精神、锡商的力量带回广德，与广德深入融合，碰撞出更耀眼的火花，激发出合作共赢的强大能量。无锡市滨湖区广德商会有会员100余人，商会旨在全心全意服务在无锡的广德籍企业，使商会真正成为两地经济技术合作的桥梁和纽带。

4.郑州市阜阳商会。2021年4月6日，郑州、阜阳两市相关政企人士齐聚一堂，共同见证了郑、阜两市一条全新的纽带——郑州市阜阳商会的成立。杨献当选为会长，刘超年当选为秘书长。据不完全统计，阜阳人在郑州创办的企业单位有1000多家，业务范围涉及100多个行业，包括物流货运、商品交易、新能源电动车销售、建筑工程、文化传播、金融服务、电子商务、软件开发、食品加工、餐饮服务、机械设备、汽车配件等。郑州市阜阳商会的成立，会让更多的徽商企业在商城郑州有一个共同的家。

5.宁波市宣城商会。2021年5月8日，为进一步促进宁波、宣城两地文化交流与经济合作，加快融入长三角一体化高质量发展，宁波市宣城商会第一届第一次会员大会暨成立大会举行。叶飞当选为会长。

6. 成都黄山商会。2021 年 5 月 18 日，成都黄山商会第一次会员大会举行。叶燕荪当选为会长。

7. 东莞市安徽蚌埠商会。2021 年 5 月 28 日，东莞市安徽蚌埠商会成立庆典之专场招商推介会在东莞市寮步镇举行（该商会实际于 2019 年 5 月 7 日注册成立）。东莞市御野世界实业投资有限公司董事长朱安柱当选为会长。东莞市安徽蚌埠商会目前有正式会员 60 余家，潜在会员 100 余家。商会企业主要从事文旅、生产、制造、商贸、物流、医疗、地产、物业等行业，注册资金超 2 亿元，年营业额超 40 亿元。朱安柱表示，东莞市安徽蚌埠商会将为在东莞创业、经商、务工的乡友提供交流、合作等抱团发展资源共享平台；商会将进一步强化服务职能，充分发挥商会在政府、企业和市场之间的桥梁作用，把商会打造成一个"以商会友、以友促商、互动互利、共谋发展"的平台，推动东莞、蚌埠两地经济社会共同发展。

8. 温州市鹿城区岳西商会。2021 年 5 月 30 日，温州市鹿城区岳西商会成立大会举行。会上，温州市鹿城区委常委、统战部部长陈军苹向新当选的鹿城区岳西商会会长授牌，岳西县人大常委会副主任、工商联主席程松树致贺词。程松树说，商会不仅是组织、是平台、是桥梁、是纽带，更是阵地、是窗口、是港湾、是事业，这里不仅有资源、有合作、有人脉，这里更有乡情、有友情、有亲情。程松树希望商会不忘初心、牢记使命，进一步发挥桥梁纽带作用，携手岳西、温州两地共同发展、共铸辉煌。

9. 上海市合肥商会。2021 年 6 月 18 日，上海市合肥商会第一届第一次会员大会暨合肥（上海）招商推介会在上海市闵行区举行。相关领导及企业代表等近 300 人出席会议。文一集团董事长周文育当选为会长。

10.南京市灵璧商会。2021年6月18日,南京市灵璧商会第一届第一次会员大会暨成立大会在南京世纪缘湖滨花园酒店举行。相关领导及企业代表等200余人出席了成立大会。解刚当选为会长,何羲之当选为秘书长。

11.厦门市阜阳商会。2021年6月27日,厦门市阜阳商会成立大会暨金种子馥合香馥香盛宴厦门站活动在厦门市举行。厦门市阜阳商会会长徐永全、安徽金种子酒业股份有限公司副总经理杜宜平以及厦门、阜阳相关单位领导齐聚一堂,共享盛宴。2021年9月9日上午,厦门市阜阳商会在福楼商业大厦举行揭牌仪式。

12.承德市安徽商会。2021年6月28日,承德市安徽商会成立大会在河北省承德市召开。相关领导及企业代表等300余人出席大会。孙小虎当选为会长。

13.天津市安徽芜湖商会。天津市安徽芜湖商会于2021年7月14日注册成立。高枝虎当选为会长。津芜两地企业家代表欢聚一堂,就彼此在打造天津国际消费中心城市中如何发挥作用,把好企业、好产品、好项目融入京津冀"首都经济圈"展开深入交流。当天,芜湖市"双招双引"推介会(天津站)同步举行,两地产品、项目对接高效展开。天津市安徽芜湖商会顾问团队由专家、学者组成,多数人具有博士和硕士学位,涉及金融、法律、媒体、教育、社科、医药、化工、外贸等多个领域。近年来,数千家在天津的安徽芜湖企业艰苦创业、拼搏创新,为天津的建设和发展作出了贡献。

14.宁波市蚌埠商会。2021年10月18日,宁波市蚌埠商会第一届第一次会员大会在宁波开元名都大酒店召开。相关领导及企业代表等出席了成立大会。郭术海当选为会长，张雪松当选为秘书长。

15.新昌县安徽商会。2021年10月20日，新昌县安徽商会举行成立大会举行。洪小翠当选为会长。新昌县安徽商会是首个在新昌成立的外地商会组织，旨在增强在新昌安徽籍企业家和工商业者的凝聚力，依法维护会员合法权益，扩大对外影响，促进新昌、安徽两地经济文化发展。

16.阿联酋安庆商会。2021年10月28日，阿联酋安庆商会暨同乡会成立大会在阿联酋迪拜（第一会场）和中国安庆（第二会场）同时举行。大会审议通过了商会章程。迪拜双鹏国际智能泊车有限公司董事长陈汪鹏当选为会长，同创光电有限公司总经理吴谋焰当选为副会长兼秘书长。

17.广东省安徽无为商会。2021年11月18日，广东省安徽无为商会成立庆典在广州举行。相关领导及企业代表等近300人参加活动。李海群当选为会长。李海群在致辞中表示，广东省安徽无为商会将秉承"大道无为，共创有为"的宗旨，充分发挥桥梁纽带作用，积极推进两地经济合作；切实维护会员权益，确保会员企业健康稳定发展；热心公益和慈善事业，为共同富裕贡献微薄之力；抓好领导班子自身建设，努力为商会正常运作提供组织保障，力争把商会建设成为党委政府放心、广大会员满意的有实力有影响的一流商会。

18.上海市安徽濉溪商会。2021年11月21日，上海市安徽濉溪商会成立大会举行。刘刚当选为会长。这是两地交流互动的新起点、新征程，商会将努力成为"上达政府、下通企业、左连市场、右接故土"的桥梁和纽带。在上海的濉溪籍人士表示，将继续发扬顽强拼搏、诚实守信、开拓创新的濉溪精神，为家乡和上海的经济社会发展做出新的更大的贡献。

19. 深圳市安徽潜山商会。2021年11月22日，深圳市安徽潜山商会成立大会举行。深圳市慧儒电子有限公司董事长王孙根当选为会长。目前，深圳市安徽潜山商会拥有会员百余名，累计总投资60多亿元，解决就业人员近1万人。会员企业主要涉及人工智能、芯片、半导体、电子元器件、汽车零部件、新能源、新材料等制造企业，同时也涉及金融、地产、保险、律师、装饰工程、商贸流通等服务企业，并涌现出一大批优秀的企业和企业家。

20. 德阳市安徽商会。2021年12月8日，德阳市安徽商会成立。钱陆军当选为会长。据悉，目前在德阳的徽商共有900余名，其中德阳市安徽商会会员达300余户。商会相关负责人表示，今后德阳市安徽商会将力争更多会员加入，通过每年组织参加经贸洽谈、展览展销、投资考察等活动，为会员企业做大做强提供更多商机。商会还将充分发挥桥梁纽带作用，为皖川两地经济文化沟通和交流提供更好的平台，努力把商会办成运作有序、公信力高、凝聚力强、符合时代要求的一流商会、品牌商会、精品商会。

21. 朝阳市安徽商会。2021年12月11日，由朝阳迎客松商贸有限公司、辽宁博旭实业有限公司、辽宁中能建筑劳务有限公司等企业发起的朝阳市安徽商会第一届会员代表大会在朝阳华府万国酒店召开。丁刚当选为会长。

22. 邢台市安徽商会。2021年12月19日，邢台市安徽商会成立庆典活动在邢台市邢州大酒店举行。刘凤良当选为会长。

23.南通市安庆商会。2021年12月24日，南通市安庆商会注册成立，张风流当选为会长。

24.青岛市阜阳商会。2021年12月25日，青岛市阜阳商会成立，王天林当选为会长。

二、2021年上市的徽商企业

这里所说的2021年上市的徽商企业包括18个安徽省内上市徽商企业及部分省外上市徽商企业。

1.2021年1月20日，国内著名的"环境4S专业服务商"——安徽华骐环保科技股份有限公司（简称"华骐环保"，证券代码"300929.SZ"，为安徽工业大学实际控制企业）在深圳证券交易所创业板挂牌上市，成为2021年安徽省第一家上市公司，全国省属高校第一股。

2.2021年2月10日，天长市首家A股上市企业——安徽鑫铂铝业股份有限公司（简称"鑫铂股份"，证券代码"003038.SZ"）在深圳证券交易所挂牌上市。

3.2021年3月26日，安徽英力电子科技股份有限公司（简称"英力股份"，证券代码"300956.SZ"）公开发行A股，并在深圳证券交易所挂牌上市。

4.2021年3月31日，安徽元琛环保科技股份有限公司（简称"元琛科技"，证券代码"688659.SH"）A股股票在上海证券交易所科创板上市交易。

5.2021年4月1日，合肥芯碁微电子装备股份有限公司（简称"芯碁微装"，证券代码"688630.SH"）鸣锣科创板，成为国内光刻设备第一股。

6.2021年4月22日，全球规模最大的丙氨酸系列产品生产企业——安徽华恒生物科技股份有限公司（简称"华恒生物"，证券代码"688639.SH"）首次公开发行人民币普通股A股，并在上海证券交易所科创板上市发行。这标志着长丰县首家科创板IPO企业诞生。至此，合肥科创板上市公司总数达到10家，位居全国省会城市第二位。

7.2021年5月28日，芜湖富春染织股份有限公司（简称"富春染织"，证券代码"605189.SH"）正式登陆A股市场，在上海证券交易所主板挂牌上市，成为芜湖市第23家境内外上市企业。

8.2021年6月28日，合肥工大高科信息科技股份有限公司（简称"工大高科"，证券代码"688367.SH"）鸣锣科创板，成为合肥市高新区第6家科创板上市公司。这标志着国内工业铁路信号控制与智能调度第一股诞生。

9.2021年6月29日，叮咚买菜（证券代码"DDL"）正式登陆纽约证券交易所。

10.2021年7月19日，三巽集团（证券代码"06611.HK"）正式于香港交易所挂牌上市，系安徽首家上市房企。

11.2021年7月26日，安徽容知日新科技股份有限公司（简称"容知日新"，证券代码"688768.SH"）在上海证券交易所科创板上市。这标志着科创板国内工业设备和智能运维第一股诞生。

12.2021年8月17日，安徽壹石通材料科技股份有限公司（简称"壹石通"，证券代码"688733.SH"）正式在上海证券交易所科创板上市，成为安徽省皖北地区首家科创板上市公司、蚌埠市首家民营上市公司。

13.2021 年 8 月 24 日，安徽超越环保科技股份有限公司（简称"超越科技"，证券代码"301049.SH"）发行的人民币普通股股票在深圳证券交易所创业板获准上市，这是滁州市南谯区首家 A 股上市企业，也是全省首家在 A 股上市的专业处置危险废物、资源化综合利用的综合型环保科技企业。。

14.2021 年 8 月 31 日，徽商企业成都国光电气股份有限公司（简称"国光电气"，证券代码"688776.SH"）正式在上海证券交易所科创板上市。

15.2021 年 9 月 29 日，安徽华尔泰化工股份有限公司（简称"华尔泰"，证券代码"001217.SZ"）在深圳证券交易所主板正式挂牌上市，成为池州市首家主板上市工业企业。

16.2021 年 11 月 2 日，瑞纳智能设备股份有限公司（简称"瑞纳智能"，证券代码"301129.SZ"）在深圳证券交易所上市，成为长丰县第一家、合肥市 2021 年第一家创业板上市企业，也是 2021 年长丰县继华恒生物后自主培育的第二家上市企业。

17.2021 年 11 月 10 日，安徽巨一科技股份有限公司（简称"巨一科技"，证券代码"688162.SH"）正式登录科创板，成为 A 股首家以"智能装备+电驱动系统"为主业的科创板上市公司。

18.2021 年 11 月 15 日，安徽晶赛科技股份有限公司（简称"晶赛科技"，证券代码"871981.BJ"）登陆北京证券交易所。

19.2021 年 11 月 26 日上午，安徽华塑股份有限公司（简称"华塑股份"，证券代码"600935.SH"）在上海证券交易所主板挂牌上市。这标志着该公司在国企"双百行动"改革重点领域和关键环节上率先取得突破。这也是淮北矿业集团第二家控股子公司荣登上海证券交易所 A 股市场。

20.2021 年 12 月 3 日，铜陵洁雅生物科技股份有限公司（简称"洁雅股份"，证券代码"301108.SZ"）在深圳证券交易所创业板上市，成为铜陵市第九家上市公司。

21.2021 年 12 月 6 日，安徽省国控集团所属省建筑设计研究总院（简称"建研设计"，证券代码"301167.SZ"）在深圳证券交易所创业板首发上市，成为安徽省国资委监管的第 22 家省属国有控股上市公司。

22.2021 年 12 月 13 日，徽商企业雍禾医疗集团有限公司（简称"雍禾医疗"，证券代码"02279.HK"）在香港联交所主板上市，是植发第一股。

三、2021 年徽商大事记

1.上海市安徽商会企业家重走徽杭古道。2021 年 3 月 27 日至 28 日，上海市安徽商会在安徽省绩溪县徽杭古道"江南第一关"开展"庆建党百年，重走徽杭古道"商会徒步行活动，近百位徽商企业家代表参加了活动。活动邀请安徽财经大学新徽商研究中心主任王唤明分享"安徽精神与徽商精神"。商会会员参观了胡雪岩纪念馆，举行了篝火晚会，并在晚会上歌唱祖国，表达对建党百年的祝福。

2.第九届华夏徽商高峰论坛举行。2021 年 3 月 27 日，第九届华夏徽商高峰论坛在北京举行。本届论坛由华夏徽商联盟、TA-TA 木门、国信晟通共同主办，徽品会承办，古井贡酒·年份原浆特别支持。本次论坛的主题是"开启新征程、扬帆再出发"。

近 300 名皖籍领导、部分商会会长、优秀徽商企业家代表参会。

3.第九届全国新徽商年度盛典举行。2021 年 4 月 19 日,第九届全国新徽商年度盛典在上海东方佘山索菲特大酒店举行,400 余人应邀出席了此次盛典。

4.第二届京津冀徽商精英年会暨建筑产业链发展前沿峰会举行。2021 年 4 月 28 日,由京津冀徽商联席会组织发起,在建筑业企业家文化俱乐部及有关徽商组织及企业的支持下,第二届京津冀徽商精英年会暨建筑产业链发展前沿峰会在北京丰大国际酒店举行。来自各界的领导、商协会组织者、知名专家学者、企业家及媒体代表等 500 余人参会。

5.2021 年全国部分徽商商会秘书长工作研讨会举行。2021 年 4 月 29 日,安徽省合作交流办公室、安徽国际徽商交流协会在潜山市组织召开 2021 年全国部分徽商商会秘书长工作研讨会。来自全国部分省份的 34 家徽商商会秘书长围绕徽商平台建设、徽商大数据建设、徽商品牌战略宣传和推介、徽商庆祝建党 100 周年活动等议题以及如何发挥徽商商会在安徽省"双招双引"工作中的作用展开充分研讨。南京、苏州、杭州、宁波四市安徽商会与潜山市招商中心、潜山市工商联签署了战略合作协议,为下一步合作打下了良好的基础。安徽省合作交流办公室相关负责人在会上通报了安徽省近年来经济社会发展情况和推动"徽商回归"工作情况,并结合省委省政府当前着力发展"十大新兴产业"和打造"四链合一"加优质高效政务服务环境的目标要求,希望全国徽商商会持续保持干事创业激情,弘扬企业家精神,服务好会员企业,搭建精准对接平台,在助力安徽"双招双引"中发挥更大作用。

6.“口子窖新时代新徽商 2020 年度人物”颁奖典礼举行。2021 年 4 月 30 日，由安徽广播电视台和安徽省工商联联合主办的“口子窖新时代新徽商 2020 年度人物”颁奖典礼在北京雁栖湖国际会展中心举行。安徽省副省长王翠凤，省政府副秘书长左俊，安徽广播电视台党委书记、台长、总编辑聂庆义，安徽省工商联副主席兼秘书长李俊波，安徽广播电视台党委委员、副台长邵晓晖等出席并观看了颁奖典礼。

7.天下徽商圆桌会议举行。2021 年 5 月 8 日上午，天下徽商圆桌会议在合肥举行。本次圆桌会议以“新阶段、新理念、新格局——共塑安徽高质量发展新动能”为主题，邀请了来自金融投资、装备制造、商贸流通、医疗健康、文化旅游等领域的 26 位董事长、总裁、CEO 参会。会议期间，与会徽商代表围绕“新格局下产业变革趋势”“新格局中安徽产业发展的机遇与对策”“长三角一体化中安徽引领性产业的选择与培育”“以主攻产业推进产业链、供应链、创新链、资本链、人才链、政策链‘多链协同’”以及“广聚天下徽商、助力安徽发展”五个话题，纷纷建言献策。

8.江苏省安徽商会十周年庆典。2021 年 5 月 19 日，江苏省安徽商会十周年庆典在南京举行。江苏现有各级徽商组织 56 家，覆盖徽商企业近万家。其中，世界五百强企业 1 家，全国五百强企业 6 家，上市公司 33 家，年营业收入超 2 万亿元，累计慈善捐赠超 80 亿元。张桂平会长荣获徽商会长功勋奖；轮值会长江宝全、孙为民、祝义财、季昌群、梁金辉、艾学平、赵明、于金涛，常务副会长丁学长、杨明军荣获江苏徽商功勋奖；宛明星秘书长荣获徽商秘书长功勋奖。

9.北京安徽企业商会换届大会。2021年7月21日，北京安徽企业商会换届大会举行。大会选举出以古井集团董事长梁金辉为会长的第三届理事会及监事会班子成员。北京安徽企业商会正在进一步打造时代徽商，积攒品牌力量，努力推动徽商大厦的建设，重建安徽会馆，启动徽文化周，在北京这个资源聚集的创业高地，搭建在京徽商"共同的家"，打造京皖两地经贸交融、文化交流、人才汇聚、合作共享的"融中心、创平台、乐家园"。

10.徽商服务卡发布。2021年4月，安徽省委、省政府召开了民营经济高质量发展大会，会上表彰了100名优秀民营企业家和100家优秀民营企业，出台了《关于进一步激发民营企业创业热情成就企业家创意创新创造推进民营经济高质量发展的若干意见》（简称《意见》），全省上下尊商、重商、厚商、爱商的氛围空前高涨。《意见》明确提出"对省授予称号和表扬的优秀民营企业法定代表人、优秀民营企业家发放'徽商服务卡'"。2021年9月1日下午，安徽省专精特新企业资本市场培训暨"徽商服务卡"发放仪式在合肥举行，活动中为8名优秀民营企业家代表颁发了"徽商服务卡"。该卡向持卡人提供了医疗就诊、购房、子女入学、职称评审、乘机贵宾通道、重点人才项目申请、徽商银行VIP待遇等七个方面的优待服务，把省委省政府对民营企业家的关心关爱和真情实意落到实处。

11.中国（黄山）首届徽派古建产业发展大会举行。2021年9月30日上午，中国（黄山）首届徽派古建产业发展大会在屯溪开幕。大会以"传承徽派古建 弘扬中华文化"为主题，与会人员共同探讨徽派古建传承创新大计，以会为媒，集聚要素资源，推动徽派古建产业创造性转化、创新性发展。大会为黄山市70

周岁以上"徽州工匠"颁发证书。会上黄山市和杭州市、上海市、扬州市、金华市等10个城市签约组建古建产业联盟城市，发布了《古建保护传承创新黄山宣言》，对保护好、利用好、传承好古建筑及其营造技艺作出庄严承诺。"徽派建筑网"启动上线，为宣传徽派建筑文创产品，推介古建名师名匠，拓展产品线上交易，推进徽派古建产业高质量发展提供线上平台服务。

12.第二届徽学学术大会举行。2021年10月19日，由中共安徽省委宣传部、光明日报社主办，中国历史研究院学术指导，中共黄山市委、黄山市人民政府、安徽大学、安徽省社科联承办，安徽大学徽学研究中心、黄山市社科联、黄山学院协办的第二届徽学学术大会在黄山市举行。本次大会的主题为"新时代 新使命 新徽学"。国内外近400位专家学者和各界嘉宾参会。大会期间举办了徽文化与长三角一体化论坛、徽商文化论坛、徽派建筑文化论坛、新安医学与大健康产业发展论坛、徽州村落文化与乡村振兴论坛等一系列活动。

13.第二届上海徽商论坛举行。2021年10月31日，主题为"凝心聚力、创新发展"的第二届上海徽商论坛在上海金茂大厦举办。本次论坛由上海市安徽马鞍山商会、上海市蚌埠商会、上海市滁州商会、上海市安庆商会、上海市安徽淮南商会、上海市阜阳商会、上海市安徽亳州商会、上海市铜陵商会、上海市池州商会、上海市六安商会联合主办。大会邀请了国防大学政治学院教授华强、上海社会科学院院长王德忠做主题分享，上海市十大地级市商会会长进行了圆桌论坛，马鞍山市招商局进行了招商推介。

14."新时代新徽商2021年度人物评选"活动启动。2021年11月8日，"新时代新徽商2021年度人物评选"活动开启，这是安徽省工商联、安徽广播电视台联合策划发起的年度品牌活动，由安徽广播电视台公共频道运营中心、安徽国际徽商交流协会、中国科学技术大学管理学院、安徽大学徽学研究中心、决策杂志社联合承办。

15.2021 世界制造业大会·徽商论坛举行。2021 年 11 月 19 日，2021 世界制造业大会·徽商论坛在合肥举行。知名经济学家、世界 500 强企业代表、各地徽商商会会长和徽商领军企业家等参加论坛。安徽省委常委、副省长张红文出席论坛并致辞，国务院发展研究中心党组书记马建堂，全国政协委员、清华大学中国经济思想与实践研究院院长李稻葵发表主旨演讲。本次论坛以"广聚天下徽商赋能'双招双引'"为主题。论坛期间发布了"2021 徽商年度创新人物"、《新时代风云徽商》、《徽商发展报告 2021》。

16.2021 徽商高质量发展论坛暨第六届徽商奥斯卡全球年度盛典举行。2021 年 11 月 26 日，由安徽日报报业集团指导的以"新时代　新科技　新创造"为主题的 2021 徽商高质量发展论坛暨第六届徽商奥斯卡全球年度盛典在合肥举行。中国科学院合肥技术创新工程院副院长彭辉、中国科学技术大学先进技术研究院副院长汤家骏、哈工大机器人集团（合肥）国际创新研究院院长于振中分别从科技成果转化、创新推动产业变革和创新举措三个角度共话创新实践。

17.2021 徽商全球理事会暨徽商全球名媛荟年会举行。2021 年 12 月 23 日，2021 徽商全球理事会暨徽商全球名媛荟年会在合肥举办。会议期间举行了"踏上新征程"2021 年度徽商高峰论坛。华艺生态园林股份有限公司董事长胡优华、蓝海建设集团有限公司董事长刘卫峰、中国平安人寿保险股份有限公司安徽分公司总经理朱渝杭等7位徽商企业家共话他们多年驰骋商海的经历及其对"新征程"的展望。

四、2021年安徽广搭"双招双引"平台

2021年，安徽省"十大新兴产业"的"双招双引"得到了快速发展。在"顶格战法"下，招引渠道更畅通，项目协调更高效；组建商协会产业联盟，充实商协会、龙头企业、金融和基金机构等方面的力量，推进市场化招引，积极用好政府引导基金，撬动更多社会资本开展"双招双引"。在一套套专业化、市场化的"打法"之下，项目、资金、人才等各类资源要素在安徽不断汇聚，各企业家平台和商协会争做安徽"合伙人"，推动安徽经济高质量发展不断实现新跨越。

1.广慧投资联盟

2021年2月22日上午，安徽省省长王清宪与广慧投资联盟主席俞铁成一行举行工作会谈。应安徽省贸促会、安徽省国际商会邀请，广慧投资联盟此次携手中环控股、创业慧康、伯特利、永安行、财信发展、天域生态、元琛科技、秀强股份等20家企业负责人来安徽考察，对接合作。

王清宪指出，乘着国家加快构建新发展格局和推动长三角一体化发展等区域战略实施的大势，安徽科技创新、地理区位、历史人文、综合交通、生态环境、制造业基础等优势日益凸显，已经站上了高质量发展的"风口"。当前，我们正加快打造一流营商环境，更加注重发挥商协会在"双招双引"中的作用，对资源

要素的吸引汇聚和周边市场的辐射带动越来越强,欢迎广大商协会和企业家把握发展大势,积极投资安徽,共享发展机遇。

俞铁成等企业家纷纷表示,安徽发展日新月异,良好态势有目共睹,未来值得期待,他们将进一步加大投资合作,并引荐更多企业来安徽发展。

2.上海新沪商联合会

2021年3月19日,安徽省委书记李锦斌、省长王清宪在合肥与杉杉控股有限公司董事局主席郑永刚率领的上海新沪商联合会考察团一行交流座谈,共话合作与发展。

李锦斌书记代表安徽省委、省政府对上海新沪商联合会考察团来安徽实地考察、洽谈合作表示欢迎。他表示,希望新沪商企业家通过此次考察进一步加深对安徽的了解,加大对安徽的关心支持、宣传推介力度,把更多牵动性强、成长性好的优质项目落户到安徽、引荐到安徽。安徽将树牢"为自己人办事就是办自己的事"的理念,注重发挥有效市场和有为政府"两只手"的作用,围绕产业链部署创新链,围绕创新链布局产业链,持续深化"放管服"改革,常态化开展"四送一服"行动,扎实做好"双招双引"工作,建立健全常态化联络服务机制,不遗余力为各类市场主体和商协会打造"四最"营商环境。

上海新沪商联合会轮值主席团及主席企业代表纷纷表示安徽是令人心动的好地方,是未来发展的价值洼地,非常看好安徽的营商环境与投资机遇,期待在科技、旅游、教育等领域寻求进一步合作机会。

上海新沪商联合会成立于2008年,是由上海知名民营企业和工商界的精英人士组成的民间商会。上海新沪商联合会自成立以来，立足上海，紧紧抓住中国经济升级、社会发展转型过程中的机遇，努力融入会员企业发展的核心环节，支持会员企业实现创新升级、对外投资、产业整合，协助会员企业解决发展中遇到的困难，为会员办实事、谋发展，逐渐成为国内外最具凝聚力、影响力和公信力的中国商会之一。

3.亚杰商会

2021年3月30日上午，安徽省省长王清宪与亚杰商会会长童之磊、理事郭洪率领的会员企业家一行举行工作会谈。安徽省副省长何树山参加会议。

亚杰商会是指导帮扶高新领域创业者和企业家创新发展的公益组织，自2004年成立以来，孵化培育了一大批科技型领军企业和上市公司。王清宪在会谈中指出，安徽省正深入学习贯彻习近平总书记考察安徽重要讲话指示精神，按照省委部署要求，以一体推进"三地一区"建设为目标引领，深入实施长三角一体化发展等国家战略，深化科技创新体制机制改革，强化企业创新主体地位，畅通基础研究、应用基础研究和成果应用转化通道，不断推动更多原创性、颠覆性科技成果产业化，加快发展壮大"十大新兴产业"，奋力在落实"两个坚持""两个更大"上迈出坚实步伐。他表示，希望亚杰商会充分发挥高新领域企业资源集聚优势和独特影响力，在安徽省推动公益性创业辅导、市场化创业孵化、多样化创业投资，共同打造更多高质量合作成果。安徽省将着力提供优质高效政务服务环境，强化产业链、创新链、资本链、人才链协同，不断成全各类创业创新人才的梦想。

童之磊、郭洪等企业家表示，将积极对接安徽丰富活跃的创新资源，在安徽导入科技企业成长"摇篮计划"，发现和培育更多科技创新型"独角兽"企业，助力打造具有重要影响力的科技创新策源地和新兴产业聚集地。会前，企业家们与合芜蚌自主创新示范区进行了对接座谈，推动人才培育、创新创业等方面项目合作。

亚杰商会源于美国硅谷，成立于1979年，是美国硅谷多个科技、商务协会中的领军者。2004年，亚杰商会从硅谷走入中国；2014年，亚杰商会（北京亚杰商汇咨询有限公司）被正式授予"国家级创新型孵化器"称号。

4.正和岛

2021年3月24日下午，安徽省省长王清宪与正和岛信息科技有限公司创始人刘东华率领的企业家代表团一行举行工作会谈。安徽省副省长章曦参加会议。

王清宪在会谈时指出，安徽省正深入贯彻习近平总书记考察安徽重要讲话指示精神，按照省委部署要求，发挥国家战略叠加、创新活跃强劲等优势，着力打造"三地一区"，加快发展"十大新兴产业"。他表示，希望正和岛企业家们多关心支持安徽，引领优质产业链企业和项目落户安徽，引荐更多新兴产业精英来安徽创新创业，助力安徽打造科技创新策源地、新兴产业聚集地。安徽省将加快培育产业链、创新链、资本链、人才链"四链合一"加优质高效政务服务发展生态，支持正和岛企业在安徽发展壮大，努力实现合作共赢。

科大讯飞、阳光电源、神州数码等企业代表参加会谈。企业家们表示，将积极融入安徽发展，加大在安徽投资布局力度，推动更多高质量合作成果在安徽落地。

正和岛是中国商界的高端人脉与网络社交平台。它是企业家人群专属，线上线下相结合的，为会员岛邻提供缔结信任、个人成长及商业机会的创新型服务平台。为保证每个人的信息安全，正和岛采取严格的实名制、会员制、收费制、邀请制。

5. 黑马会

2021年3月31日，创业黑马董事长牛文文、嘉御基金董事长卫哲、天鹅到家创始人陈小华等30多位科创产业龙头公司、头部科创投资基金齐聚安徽，正式开启对安徽的科创加速之旅。

黑马会是一个创业者帮助创业者、创业者学习创业者、创业者成就创业者的创始人合作体，以"优术，明道，蓄势"为核心价值，以分享、交流和互助为特色，团结最广大的创业者；以明星企业家为依托，以黑马导师团为支撑，通过经验分享，资源对接，在共同学习和交流中助力会员企业的成长与发展。创业黑马集中平台资源，联合地方机构，连接中小企业创始人，打造出中国最大的创新创业商圈。

6. 中外企业家联合会

2021年4月6日下午，安徽省省长王清宪在合肥与中外企业家联合会考察团一行举行工作会谈。安徽省副省长周喜安参加会议。

中外企业家联合会是具有广泛影响力的全球性企业家组织。王清宪指出，安徽正处在"十四五"开局起步的关键时期，我们牢记习近平总书记的嘱托，充分发挥长三角一体化发展、中部地区崛起等国家战略政策叠加效应，以科技创新带动产业积聚，以开放平台汇聚创新力量，依托著名高校和大院大所整合全球创新创业资源，加快发展壮大"十大新兴产业"，一体推进"三地一区"建设，奋力在落实"两个坚持""两个更大"上迈出坚实步伐。他表示，希望中外企业家联合会立足安徽市场广阔、资源丰富的特点，把更多先进制造业、高端农业、文化旅游等领域项目布局到安徽。

日本欧力士集团大中华区董事长刘国平、中外企业家联合会中国中心主任董斌等企业家表示，安徽良好的发展势头令人印象深刻，他们将积极促进海内外企业家"朋友圈"关注安徽、投资安徽，推动更多产业、资本、人才向安徽积聚，助力实现高质量发展。

7. 春光里产业资本集团

2021 年 4 月 17 日上午，安徽省省长王清宪在合肥与春光里产业资本集团董事长杨守彬一行举行工作会谈。安徽省副省长何树山参加会议。

春光里产业资本集团是国内知名投资人和企业家联合发起成立的产业升级与资本招商综合性平台机构。王清宪说，习近平总书记为安徽发展擘画的战略定位是安徽省高质量发展的最大优势，当前全省上下顺势而为、乘势而上，围绕产业链部署创新链，围绕创新链布局产业链，重点推进"十大新兴产业"发展，这为海内外投资者带来了巨大的共享机会，希望春光里产业资本集团更好发挥产业和投资平台作用，吸引更多企业和项目布局安徽，在推动"四新经济"发展、传统产业转型升级、现代农业和旅游业融合发展等领域深化合作，实现互利共赢、共同发展。

当天，受安徽省政府的邀请，春光里安徽投资考察团企业代表齐聚一堂，政企双方深度座谈，探讨产业加速机会。参加本次政企对接会的 20 余家机构是春光里产投生态的优质企业代表，它们分为五大类别：第一类是 TCL 实业控股集团、远东控股集团、深国际等 500 强企业；第二类是居然之家、思享无限、福然德等上市企业；第三类是春光里产业资本集团、龙门投资、源政投资、龙星基金、中能化资本、影视文化基金等著名投资机构；第四类是盘石集团、拜登集团、万位数字、中环易达、苏州触达信息等行业头部企业；第五类是中科院上海光机所等科研院所。

8.IDG 资本

2021年4月29日，安徽省省长王清宪在合肥与IDG资本创始董事长熊晓鸽一行举行工作会谈。安徽省副省长何树山参加会议。

IDG资本是一家著名私募股权投资机构，在全球投资了超过1000家企业。王清宪指出，安徽科技实力强劲、市场空间广阔、后发优势明显，正深入贯彻落实习近平总书记关于科技创新的一系列重要指示精神，立足长三角一体化发展大平台，建设科技创新攻坚力量体系，深化科技创新体制改革，打造产业链、供应链、创新链、资本链、人才链、政策链"多链协同"的发展生态，加快建设具有重要影响力的科技创新策源地和新兴产业聚集地。我们高度重视市场和资本在科技创新中的作用，大力建设多层次资本市场，发展创投风投基金，希望IDG资本发挥投资经验丰富、行业号召力强的优势，紧紧围绕科技成果转化、科技初创型企业孵化等关键环节，围绕"十大新兴产业"发展、科大硅谷建设等重点领域，通过多种形式开展对接合作，为安徽科技创新和产业发展注入新鲜血液。

熊晓鸽等表示，十分看好安徽发展，将积极参与安徽创新体系建设，聚焦"硬科技"开展投资布局，为安徽高科技企业项目的孵化培育、成长壮大贡献力量。

9.衡宽国际集团与亿科资本

2021年12月15日下午，衡宽国际集团联合亿科资本牵头并组织双方在国内已投的"独角兽"企业赴安徽考察，并与安徽省省长王清宪，省委常委、副省长张红文，省政府秘书长潘朝晖等人进行工作会谈。

衡宽国际集团与亿科资本此次来安徽，动员六家"独角兽"企业到安徽省开展投资考察，旨在推动与安徽省在资本、企业、科技、技术和人才方面的合作共赢，讨论发起设立安徽中部崛起产业发展母基金以及各"独角兽"企业来安徽投资和发展业务等事宜。

10.上海市安徽商会

2021 年 12 月 25 日，上海市安徽商会青年徽商回乡投资考察活动成功举办。安徽省省长王清宪亲切会见奇创旅游集团董事长、景域驴妈妈创始人、上海市安徽商会会长洪清华一行，并举行工作会谈。

王清宪高度认可上海市安徽商会此次动员 20 多个安徽籍青年企业家来安徽投资考察、回报桑梓的行为。他表示，省外安徽籍企业家和安徽商会是安徽的宝贵资源，欢迎广大企业家和创业者积极投资安徽，共享发展机遇。安徽将进一步完善省市县联动的对接落实机制和跟踪服务举措，成全每一位企业家的创新创意创造，构建各类企业竞相发展、共生共荣的产业生态。期待大家更好发挥自身平台和桥梁作用，投资家乡、建设家乡，在推动家乡发展中实现互利共赢。交谈中，王清宪还提到当前安徽正大力推进"十大新兴产业"高质量发展，加快皖北地区振兴，为"四新经济"发展提供了良好产业配套和广阔应用场景，希望所有徽商能够争做"安徽合伙人"。

后记一

20年前第一次到徽州地区，当时对徽商和徽文化不甚了解，但马头墙、黑白相间的色调、深宅大院、古村落、宗祠、书院、老街等都给我留下了深刻的印象。今天的"徽商"，不仅是全球安徽籍商人的符号，更是一种文化，一种精神，一个品牌。

2009年，安徽财经大学首期"徽商大讲堂"开讲。"徽商大讲堂"一直延续至今，当初举办的出发点是为了搭建校企合作的平台和促进徽商企业与学校的交流，活跃校园文化。2014年，我在合肥策划和打造了"新徽商大讲堂"，主要目的是促进徽商企业家之间的交流和资源整合，至今已举办了60多期活动。2014年，安徽财经大学新徽商研究中心成立。2018年，安徽财经大学新徽商研究中心联合安徽经济报社等单位成立新徽商商学院、徽商智库等平台，践行开展了"四个一"工程：重走一段徽杭古道，聆听一场徽商文化报告，参观一座徽商古村落，参访一家徽商名企。

对于徽商发展报告，很早之前我就思考过撰写工作，但由于多种原因没能实现。直到2018年，经过对2017年全年徽商活动的跟踪和资料收集，再加上"新徽商大讲堂"微信公众号的持续运作，在2018年中国国际徽商大会和2018世界制造业大会期间发布了《徽商发展报告2017》。《徽商发展报告2017》得到了政府、异地徽商商会和商界的认同，被评为2018年中国国际徽商大会和2018世界制造业大会"十大成果"之一。之后推出的《徽商发展报告2019》荣获2019世界制造业大会"成果"之一，《徽商发展报告2020》荣获2020世界制造业大会江淮线上经济论坛"成果"之一，《徽商发展报告2021》荣获2021世界制造业大会"成果"之一。

2021年，安徽财经大学新徽商研究中心在新徽商研究领域获得了一定的成长：出版了《新徽商导论》；与安徽经济报社、徽联汇、安徽省茶业集团有限公司、安徽古井贡酒股份有限公司等单位联合承办或参与和协办了多次徽商智库沙龙、新徽商线下交流、徽商品牌发展等活动；微信公众号"新徽商大讲堂"每周一开辟专栏持续分享徽文化；承办了蚌埠市工商联2021年商会组织建设研修班，多地徽商商会和商帮研究组织前来考察交流，多个地方政府招商部门前来调研，了解徽商产业布局、异地徽商组织与徽商上市企业情况；通过论坛、校园赛事等助力徽商老字号品牌的传承与创新；与安徽江南徽商研究院、徽商博物馆进行战略合作，促进资源整合。

《徽商发展报告2022》经过多次研讨和论证，最终形成了徽商组织、徽商企业、徽商人物、徽商创新、徽商回归、徽商品牌、徽商文化、徽商公益、走向世界的徽商九大模块，围绕徽商年度发展进行总结分析，首次推出徽商百富榜。

《徽商发展报告2022》能够顺利出版，感谢决策杂志社总编辑张道刚，安徽经济报社社长马顺生，安徽经济报社副总编辑栗亮、邓九平，决策杂志执行总编辑王运宝等人，他们的无私帮助和鞭策让我更有动力，因为徽商，我们经常共同出席活动，磋商交流，分享徽商最新动态；感谢安徽财经大学校领导朱红军教授、丁忠明教授、周加来教授、冯德连教授，他们给新徽商研究中心提供了较好的平台和资源；感谢芜湖市委副书记张庆亮，安徽师范大学徽商发展研究院院长马陵合教授，安徽师范大学经济管理学院院长张廷龙教授，安徽财经大学新徽商研究中心曹天生教授，安徽财经大学经济发展研究中心徐旭初教授，安徽财经大学工商管理学院胡登峰教授、胡旺盛教授、徐伟教授等，他们在我成长的道路上给予关爱和支持；感谢安徽师范大学出版社社长张奇才教授，编辑何章艳、李慧芳，他们为本书的出版提供了优质的服务；感谢安徽国际徽商交流协会秘书长叶青松、安徽合作交流办公室经济联络处处长余超超以及各地徽商商会的会长和秘书长们，他们为本书提供了诸多的素材和建议，在此一并深表感谢！

《徽商发展报告2022》是安徽财经大学年度系列报告丛书中的一种，也是安徽财经大学新徽商研究中心和安徽经济报社、决策杂志社（安徽创新发展研究院）联合打造的"徽商智库"系列丛书之一。由于笔者水平有限，书中如果有不当之处或疏漏，敬请联系我们（邮箱 diyiyingxiao@163.com），我们将第一时间给予回复。《徽商发展报告》将会每年延续下去，记录和剖析徽商的年度发展大事，统计和分析徽商的年度经营状况，解析徽商年度重大专题，传播徽商文化，传承徽商精神。

新时代呼唤新徽商，新形势打造新徽商。期待天下徽商聚焦实业、建设家乡，推动总部回归、项目回归、人才回归、资本回归，带动更多企业汇聚安徽，成为安徽"合伙人"；期待天下徽商义利双行、造福桑梓，坚守徽商人文精神，传承徽商文化传统，在创造财富的同时，主动承担社会责任，树立起新时代徽商以义取利、热心公益的良好形象；期待天下徽商齐心协力、抱团发展，秉持"天下徽商一家亲"的合作理念，进一步整合资源，促进合作，不断提升徽商品牌整体竞争力和影响力，不断擦亮"徽商"金字招牌。

因为徽商，你我同行！因为徽商，我们在路上！

王唤明

2022年7月于龙子湖畔

后记二

2022世界制造业大会·徽商论坛再次向全球徽商"招手"，这是一年一度海内外徽商的共同盛事。以徽商论坛为契机，《徽商发展报告》已连续发布了四次，并被列入世界制造业大会成果之一，2022年是决策杂志社（安徽创新发展研究院）第五次参与编写此书。

2022年将召开党的二十大。如今的安徽已迎来高质量发展的"大势"，长三角一体化、三次产业高质量协同发展和"三地一区"建设，让安徽形成了产业、资金、人才等各类高端资源要素汇聚的强大引力场。经过多年持续努力，安徽省内外的徽商企业家、徽商组织也迎来发展的新机遇。

行业商协会（即行业协会商会）是实现有效市场和有为政府更好结合的纽带，是安徽"双招双引"的重要力量。2022年2月，安徽省出台了《关于更好发挥行业协会商会在"三地一区"建设和"双招双引"中作用的意见》，并配套出台8项扶持政策，进一步推进行业协会商会市场化、社会化、职业化改革，发挥行业商协会在加强政企沟通联络、推进"双招双引"、搭建行业发展平台、促进跨区域开放合作等方面的积极作用。

作为资本、项目、信息、技术、人才的"中介",行业商协会是优化配置市场资源不可或缺的重要环节。据统计,截至2021年底,安徽省共登记各类商协会3400多家,其中省级商协会470家。2021年,省级商协会参与或承办全省性会展活动超过60场次;参与或协助招商引资额在160亿元以上,同比增长20%以上。

立足发展新阶段,贯彻发展新理念,构建发展新格局,作为政府宏观和企业微观之间的桥梁,徽商商会发挥着独特作用。特别是在徽商回归中,各地徽商商会充分发挥平台作用,促进徽商回乡投资兴业。截至2021年底,全省5000万元以上在建徽商回归项目560个,徽商投资额1515.3亿元,实际到位资金883.7亿元,同比增长34.6%。其中,新建亿元以上项目420个,徽商投资额956.5亿元,实际到位资金756.8亿元,占实际到位资金总额的85.6%。徽商投资新建5亿元以上大项目74个,投资额497.6亿元,实际到位资金354.7亿元;新建5亿元以上的大项目以智能家电、节能环保、高端装备制造等"十大新兴产业"为主。

徽商既是家乡经济发展的生力军,又是家乡招商引资的义务宣传员、联络员。徽商"凤还巢"已成为促进安徽经济高质量发展的重要力量。各地徽商商会与安徽各市县的联系也日益紧密,双方围绕各种不同类型的活动,实现互动合作、链接耦合。如2022年4月28日,上海市安徽商会与安徽肥西县开展"合作云洽谈"活动,多位有投资意向的企业家参加活动,双方就产业园区建设、投资肥西、合作共赢等事项进行了深入沟通交流,助力肥西在文化旅游、数字经济、能源环保等领域快速发展。

2022年6月30日，比亚迪合肥基地整车下线仪式举行，标志着安徽新能源汽车产业迈出了具有里程碑意义的重要一步。2021年7月，比亚迪与合肥"一拍即合"，一期项目从洽谈到签约仅用时23天，从签约到开工仅用时42天，从签约到整车下线，刷新了"合肥速度"，为合肥打造具有国际影响力的新能源和智能网联汽车之都提供了澎湃动力。这是比亚迪抢抓机遇，大胆创新创造的一个奇迹，也是安徽营商环境全面优化的生动写照。如今，像比亚迪这样投资安徽的中国500强企业越来越多，他们都在争做安徽发展的"合伙人"。

为凝聚徽商力量、吸引徽商回归，安徽省委、省政府持续推进世界制造业大会、徽商论坛等平台建设，建立与各地徽商的常态化沟通机制，并持续打造"热带雨林式"产业生态体系，积极利用工业互联网推动制造业转型升级，强化"双招双引"工作的宣传、营销和推广，展现出一个自信、朝气、有活力的安徽新形象。

2021年以来，"组团到安徽"已成为一种现象和趋势，其背后是尊重、弘扬和鼓荡企业家精神，厚植产业链、创新链、资金链、人才链、政策链"多链合一"加优质高效政务服务，着力营造市场化、法治化、国际化营商环境的不懈努力。今天的安徽，真诚希望广大徽商和创业团队争做安徽"合伙人"，在"十四五"时期与安徽一起迎来新的绽放。

前有古徽商创造传奇，今有新徽商快速成长。"互联互通"已成为新时代的鲜明特征，徽商理应携手同行，踏上"浪潮之巅"，在生机勃发的江淮大地上大显身手，书写创业创新创富的"新徽商创奇"。决策杂志社（安徽创新发展研究院）作为新型媒体智库，也将一直坚守初心，持续性地将《徽商发展报告》系列图书做成精品，时刻关注并记录徽商发展的最新动态。

张道刚

2022 年 8 月